ce cahier de dessin appartient à:

Comment utiliser ce livre :

vous avez besoin d'un crayon et une gomme

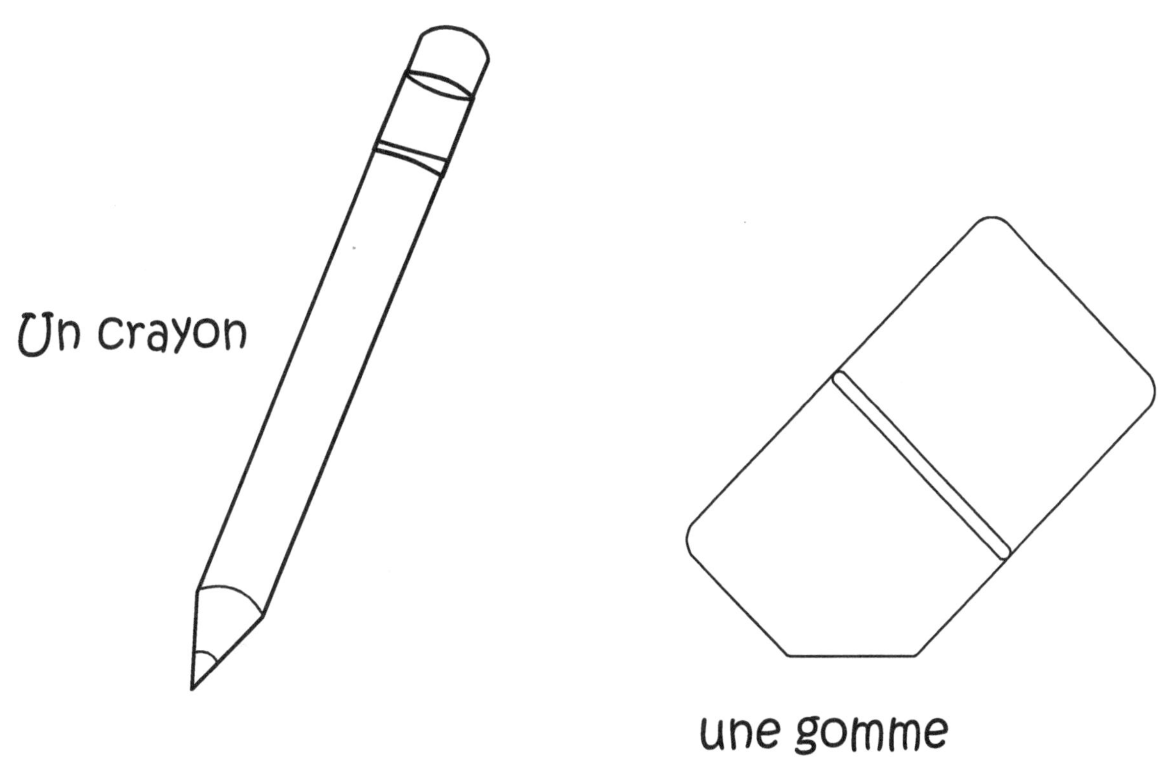

Suivez chaque schéma de dessin étape par étape

Une cloche

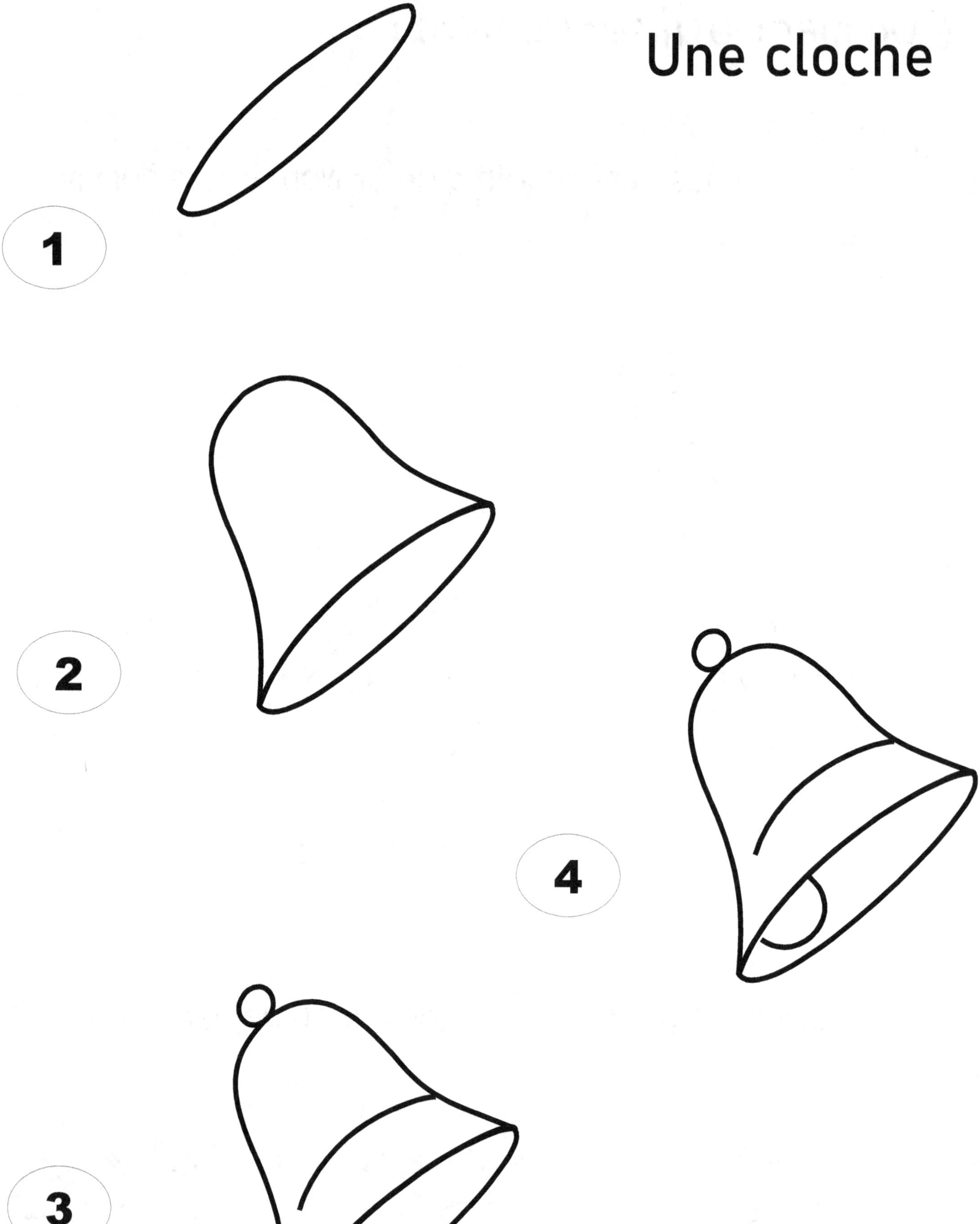

1

2

3

4

Tracer:

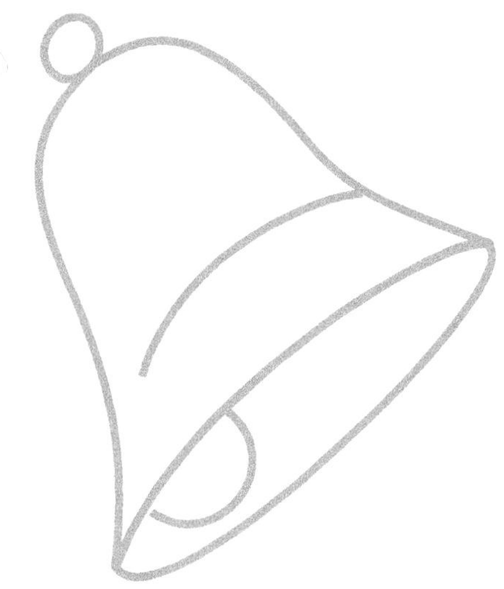

Essayer:

lunettes de soleil

1

2

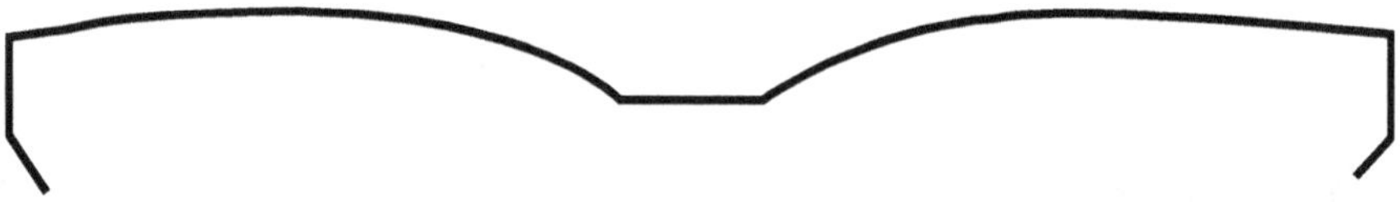

3

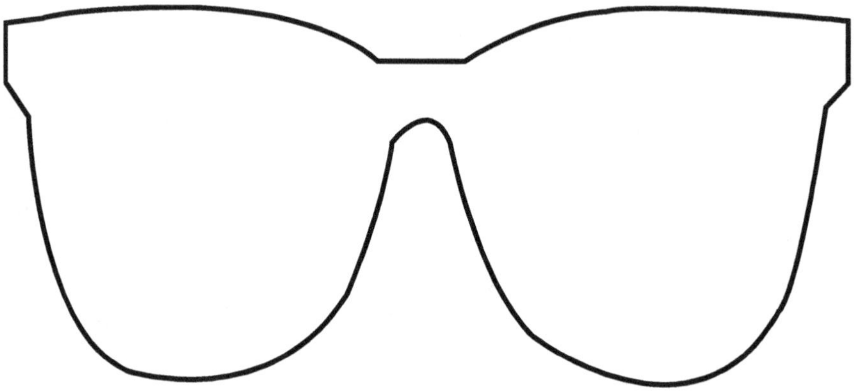

4

Tracer:

Essayer:

Une casquette

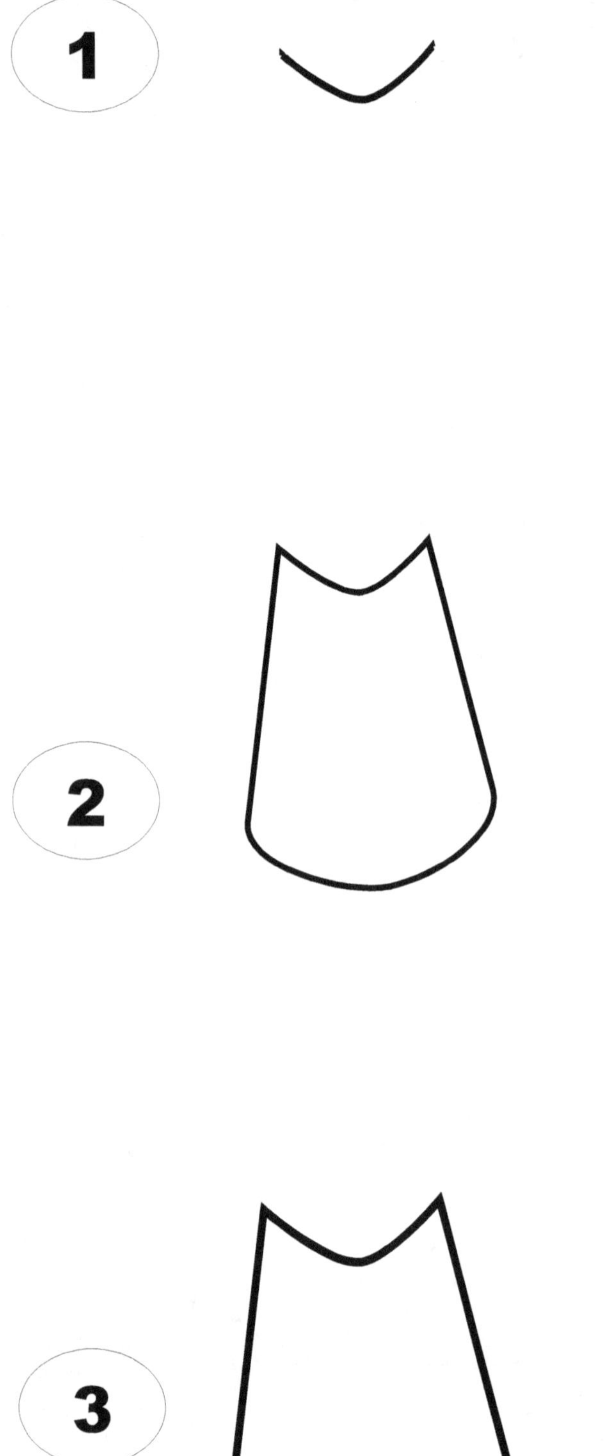

1

2

3

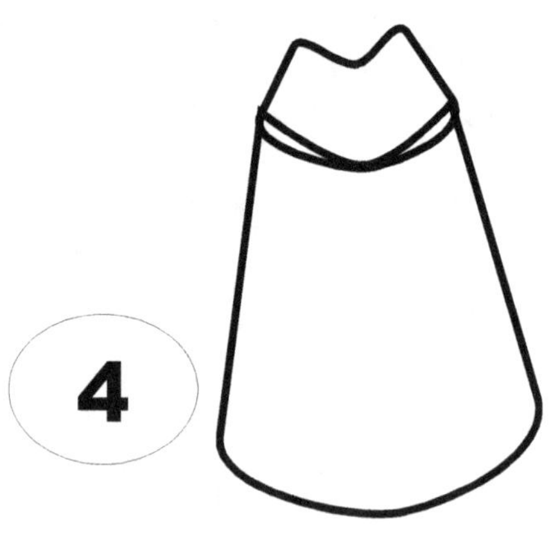

4

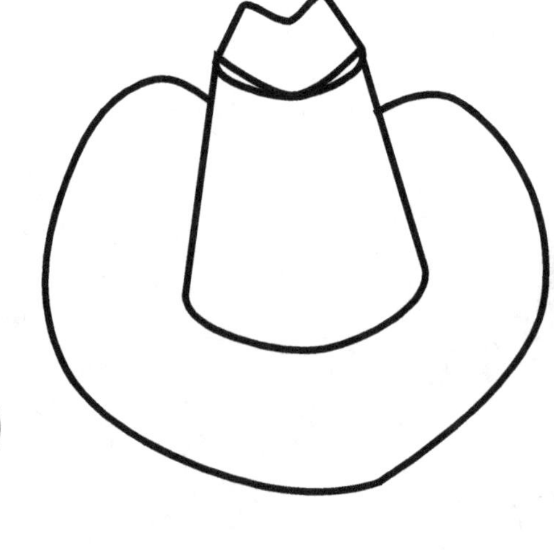

5

Tracer:

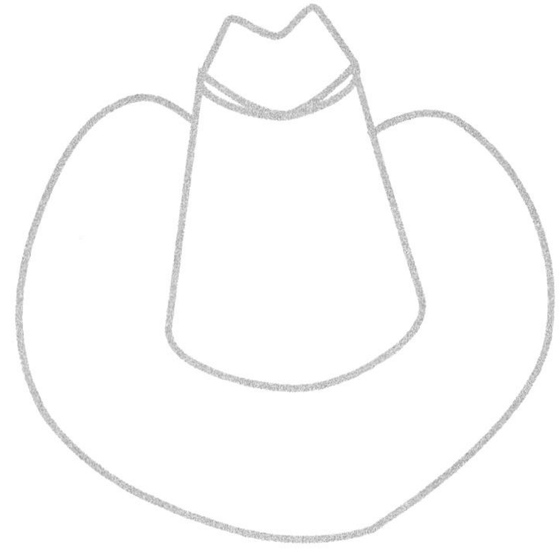

Essayer:

Parapluie

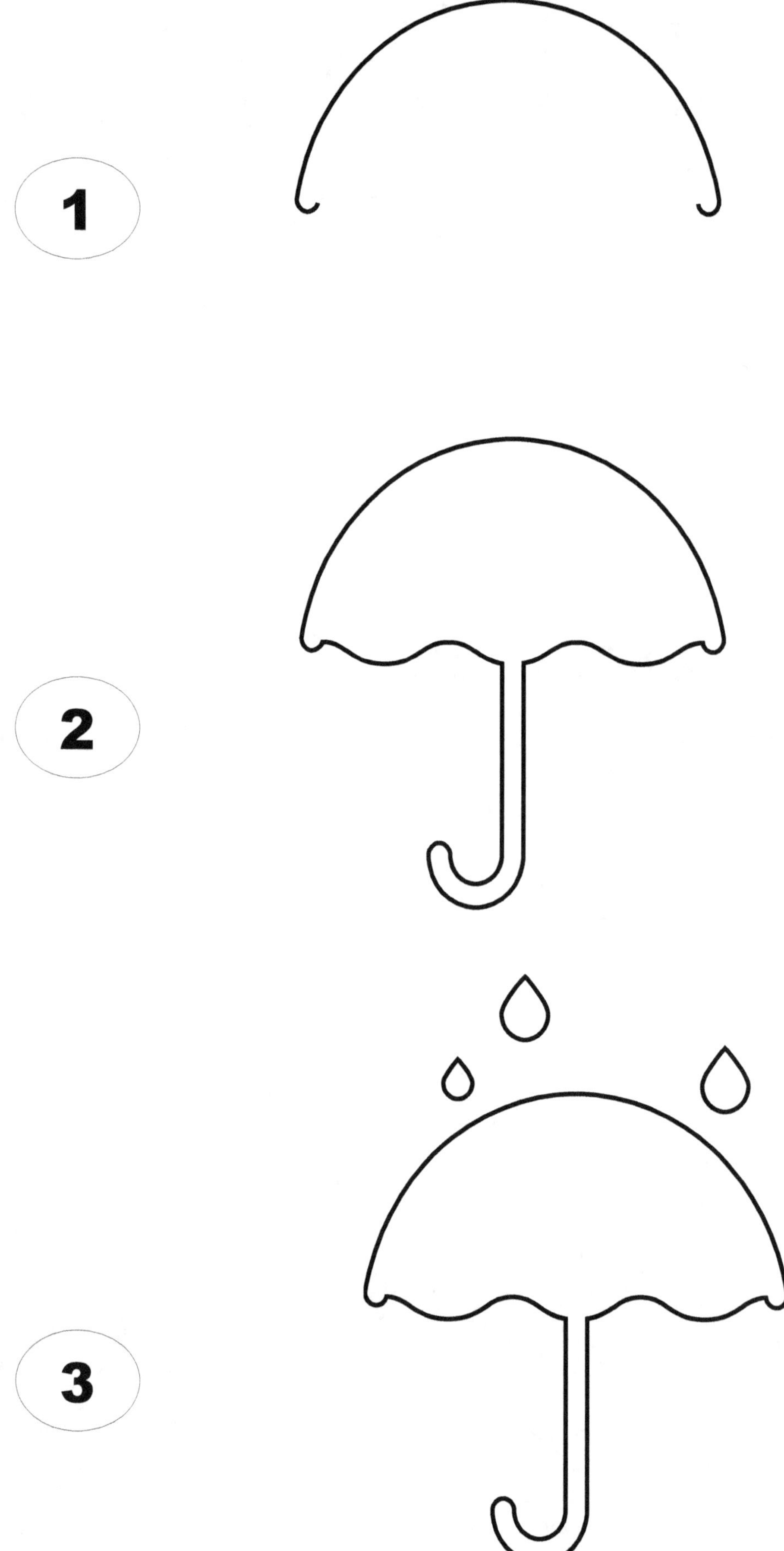

Tracer:

Essayer:

Fusée

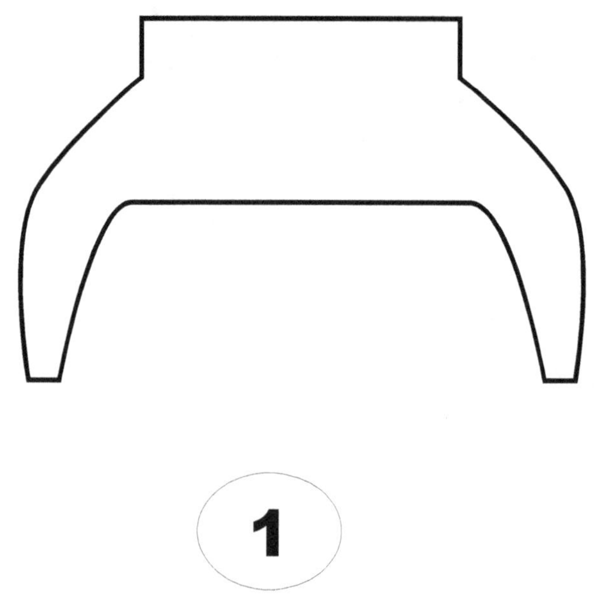

1

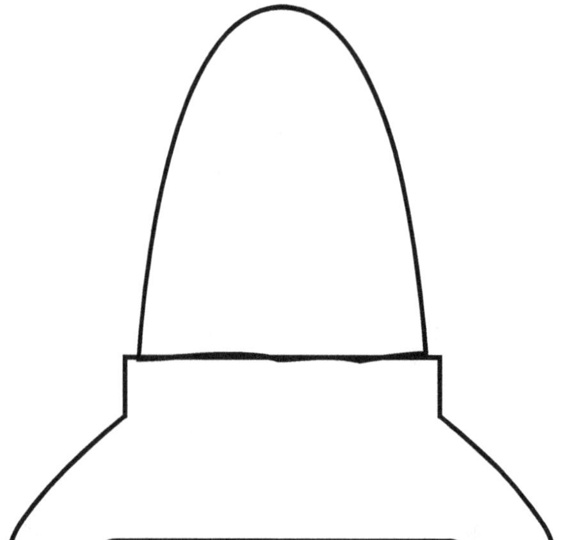

2

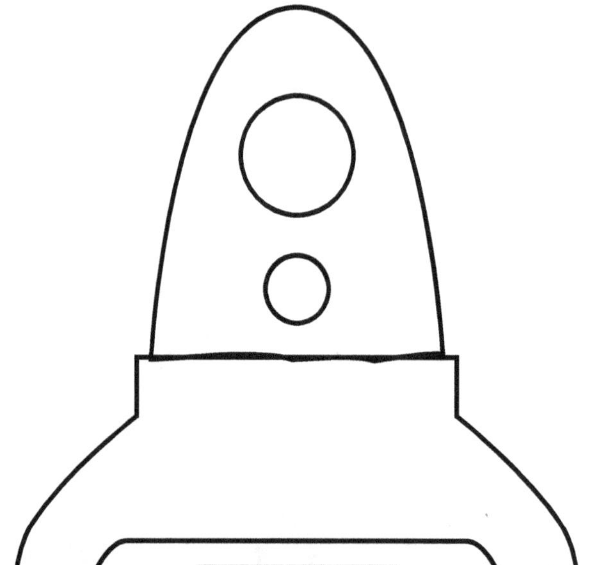

3

Tracer:

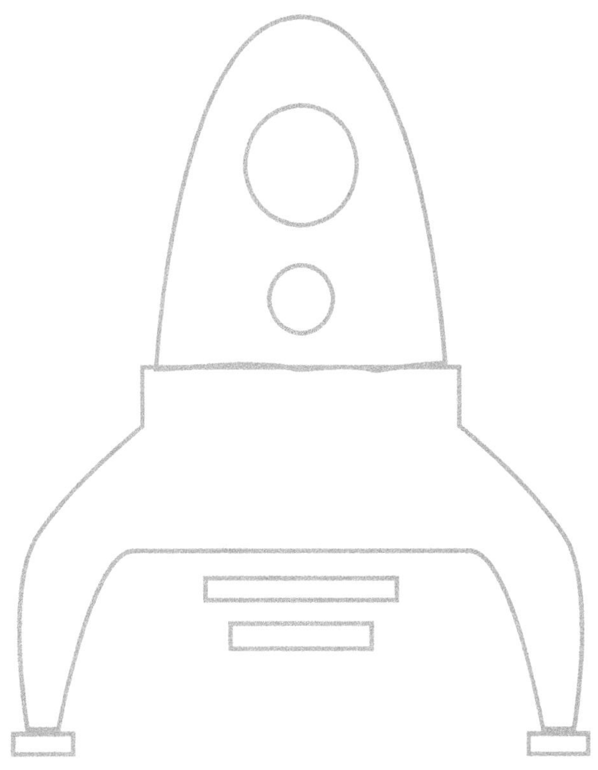

Essayer:

Ourse

Tracer:

Essayer:

Loup arctique

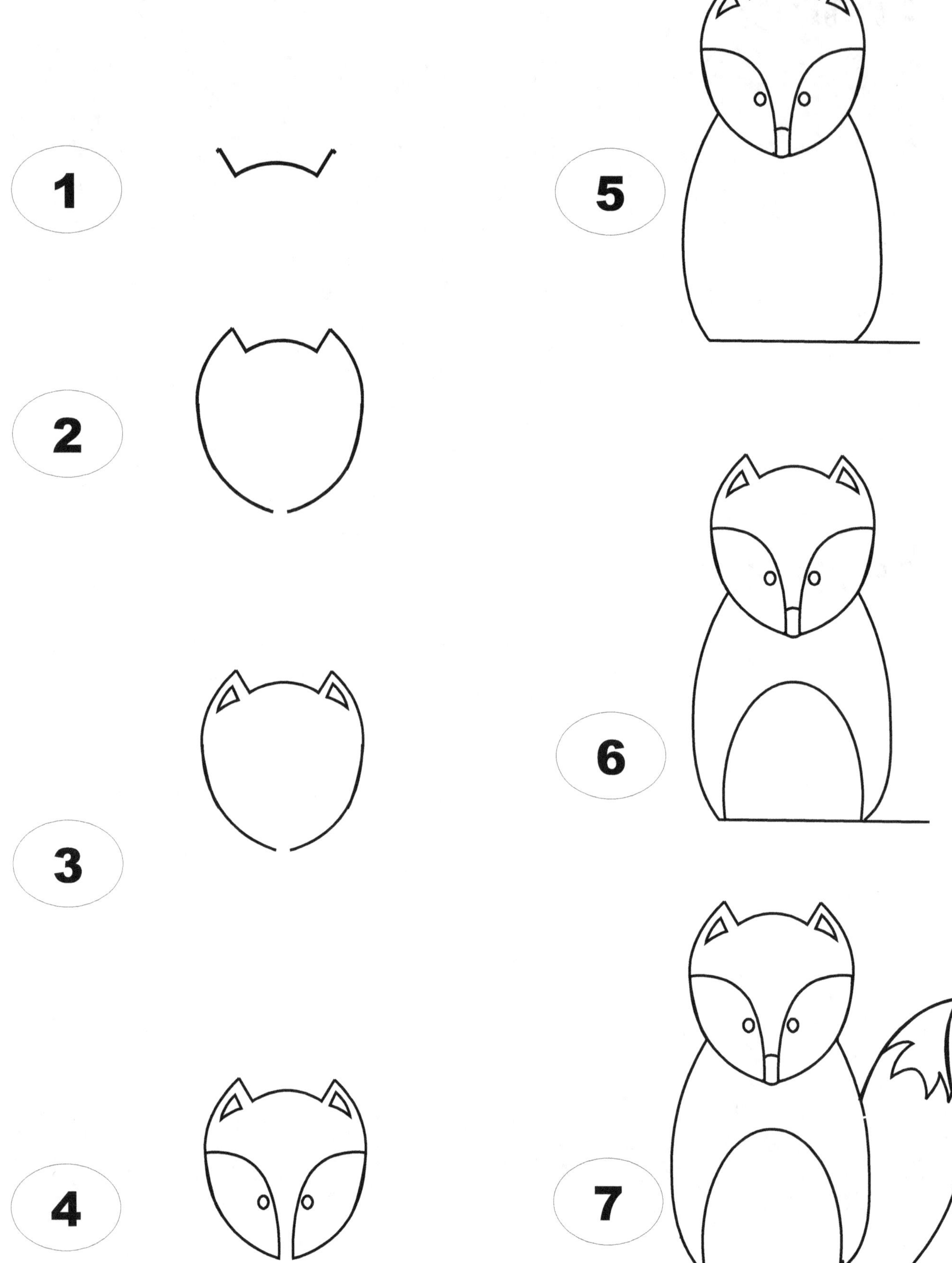

Tracer:

Essayer:

Chat

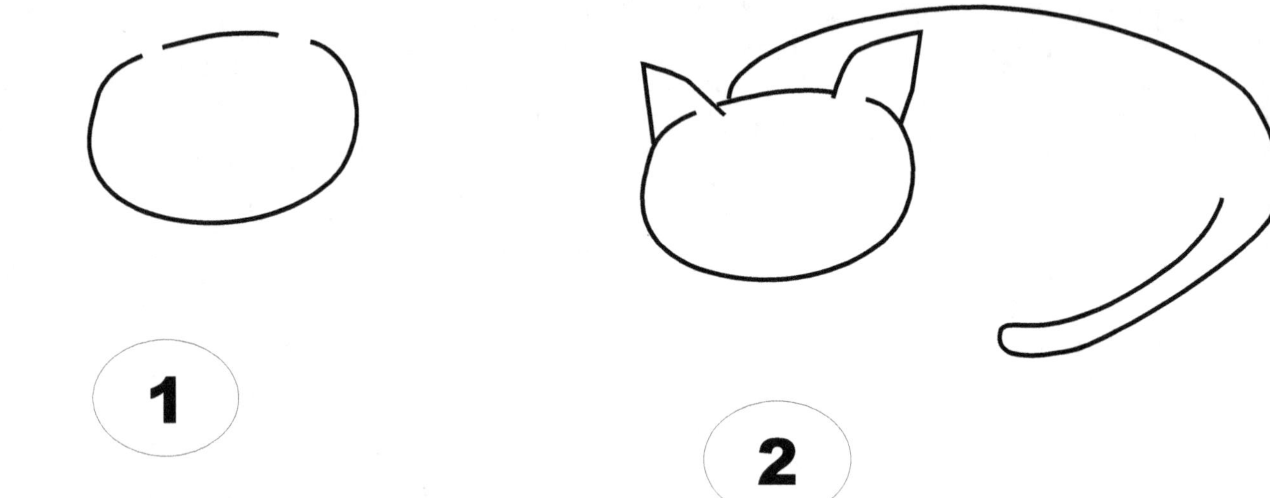

1

2

3

4

Tracer:

Essayer:

Hélicoptère

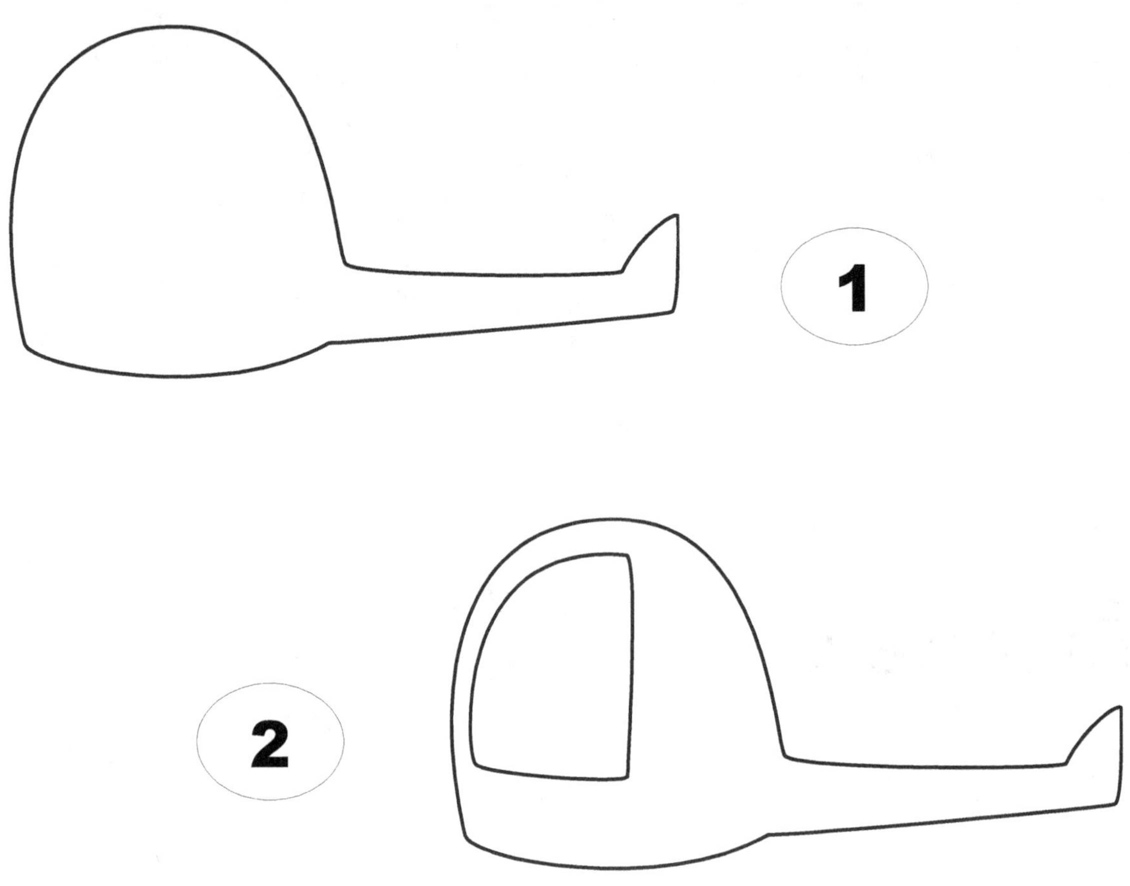

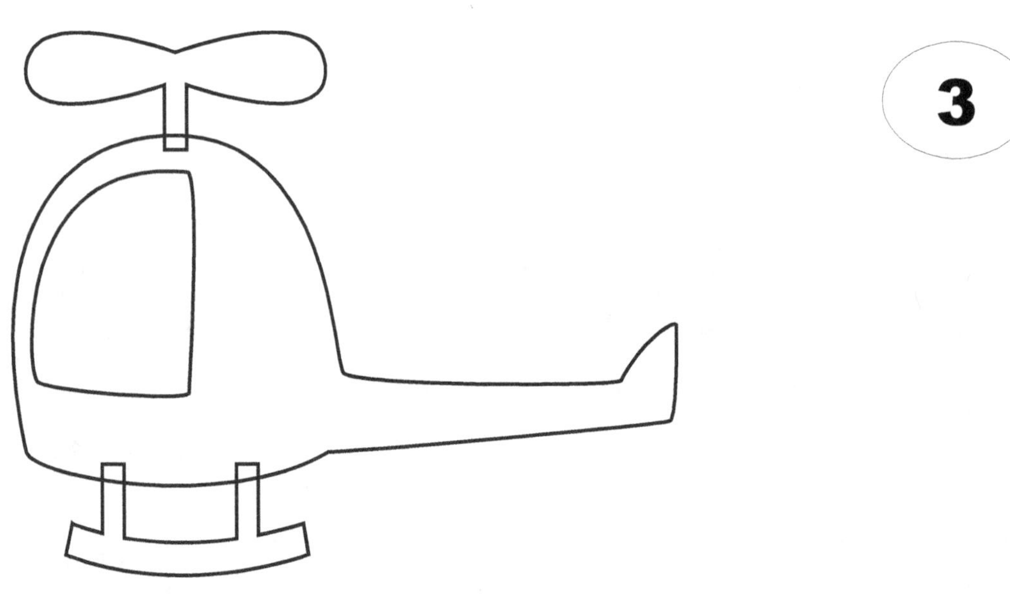

Tracer:

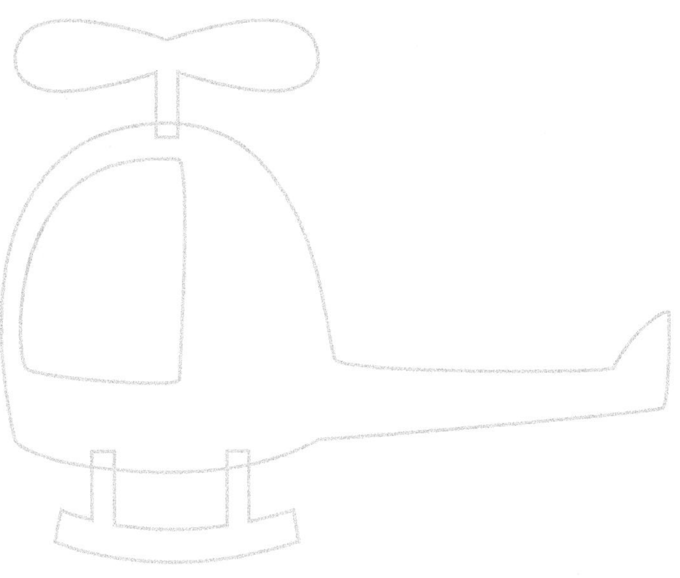

Essayer:

Chien

Tracer:

Essayer:

Gazelle

Tracer:

Essayer:

La grenouille

1

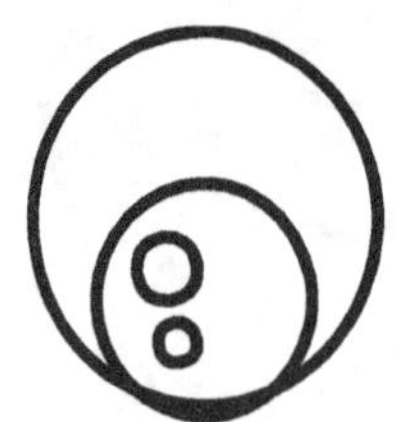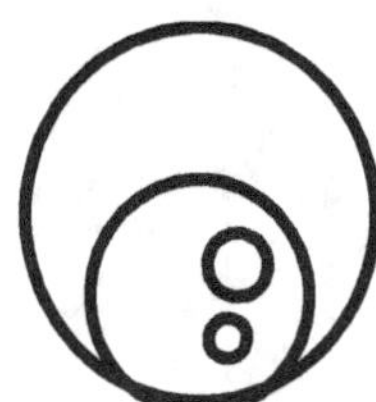

2

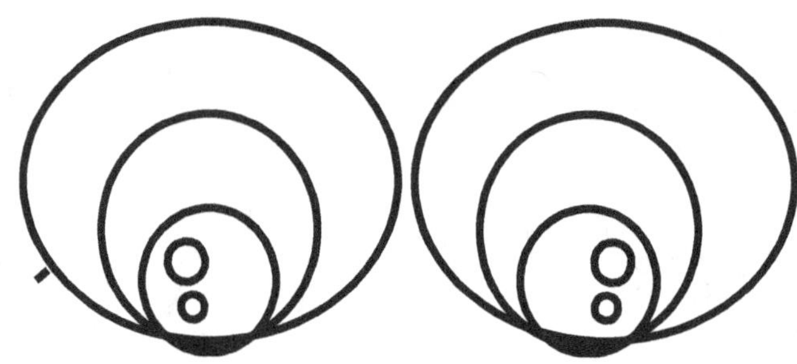

3

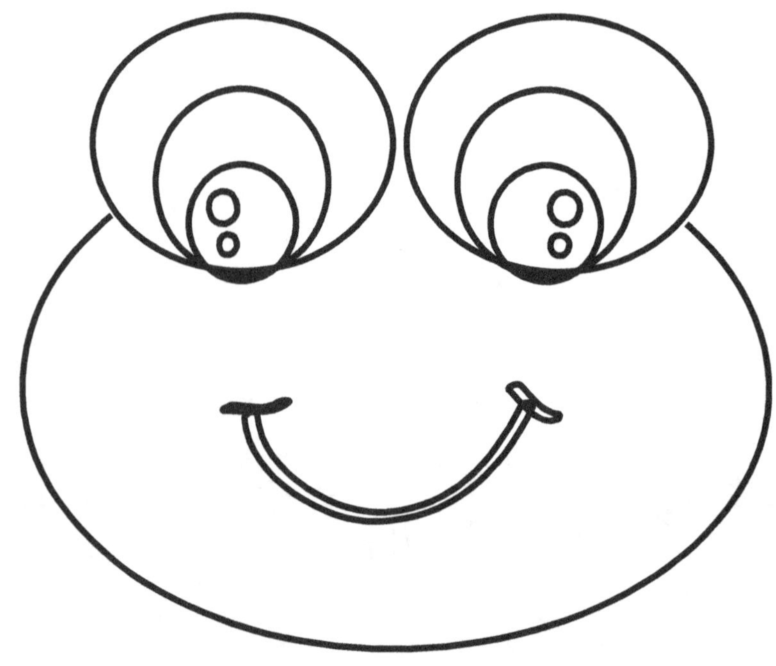

Tracer:

Essayer:

Girafe

1

2

3

4

5

6

7

Tracer:

Essayer:

L'ananas

3

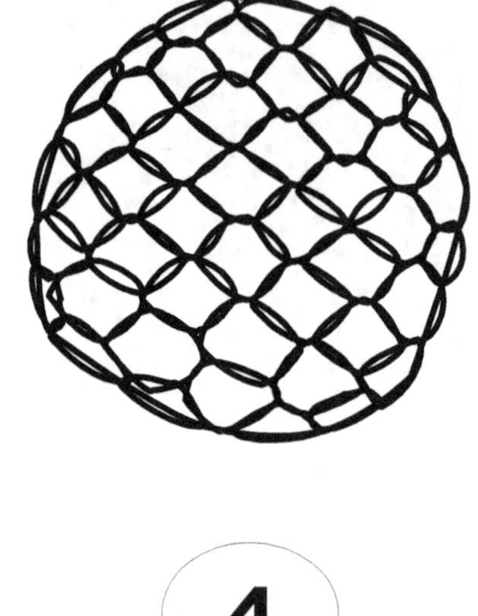

4

2

3

5

Tracer:

Essayer:

Mouton

Tracer:

Essayer:

Poussin

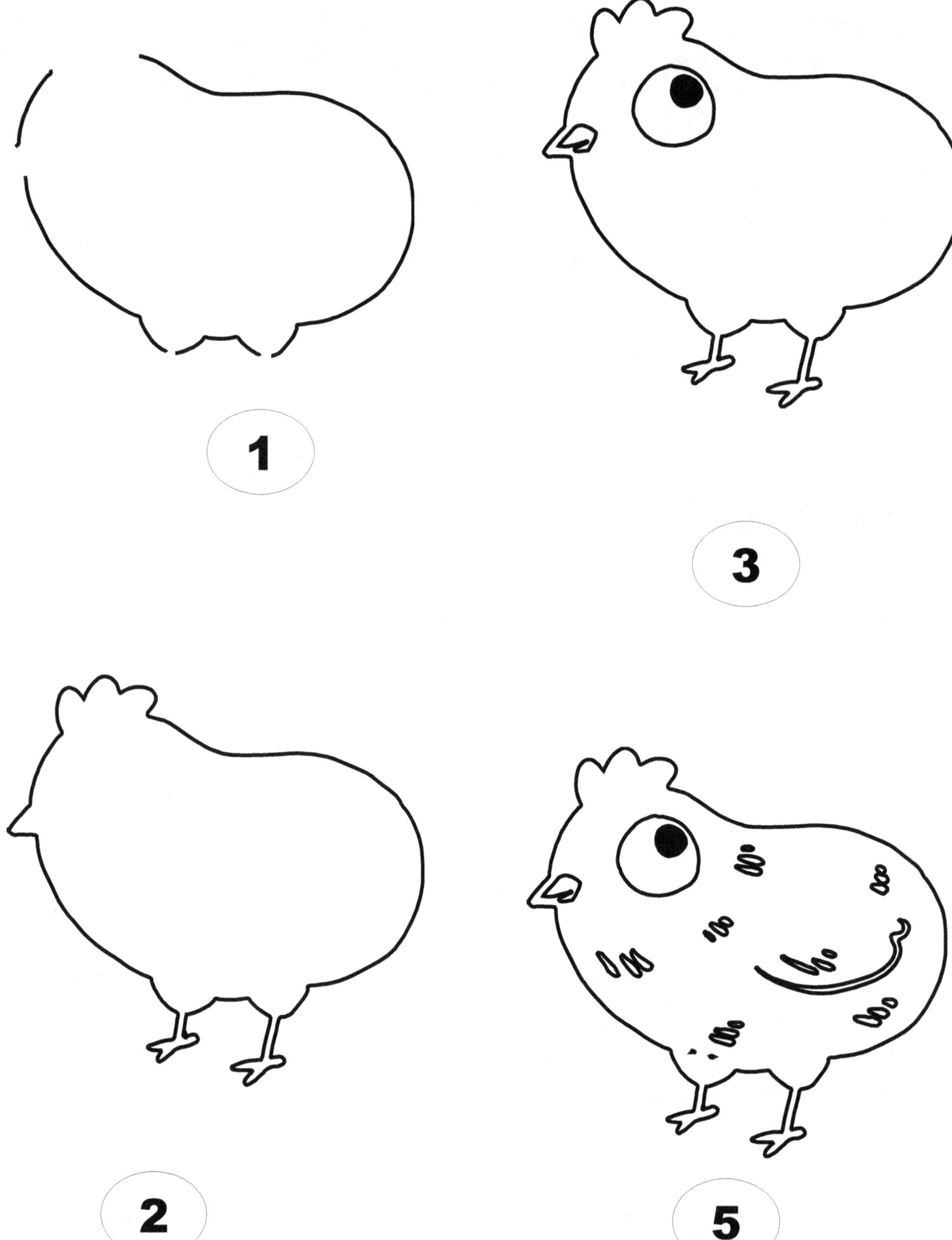

Tracer:

Essayer:

Shorts

____

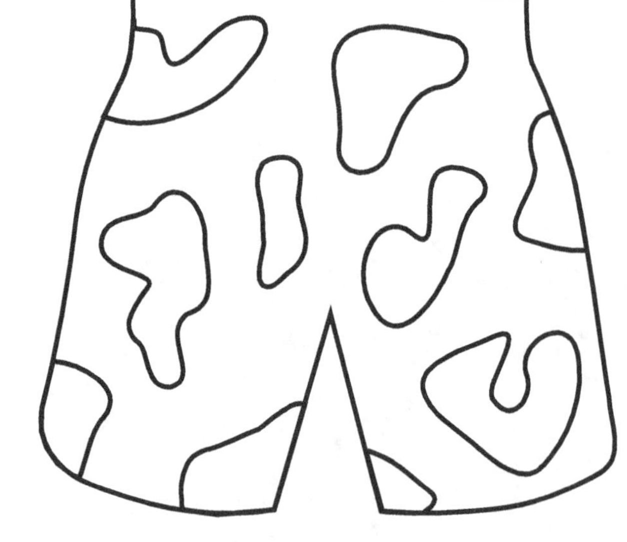

Tracer:

Essayer:

Pied

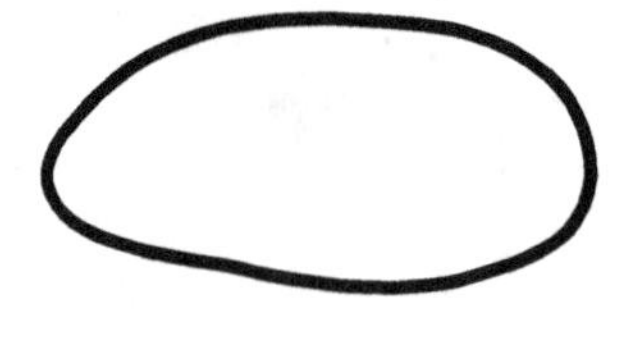

Tracer:

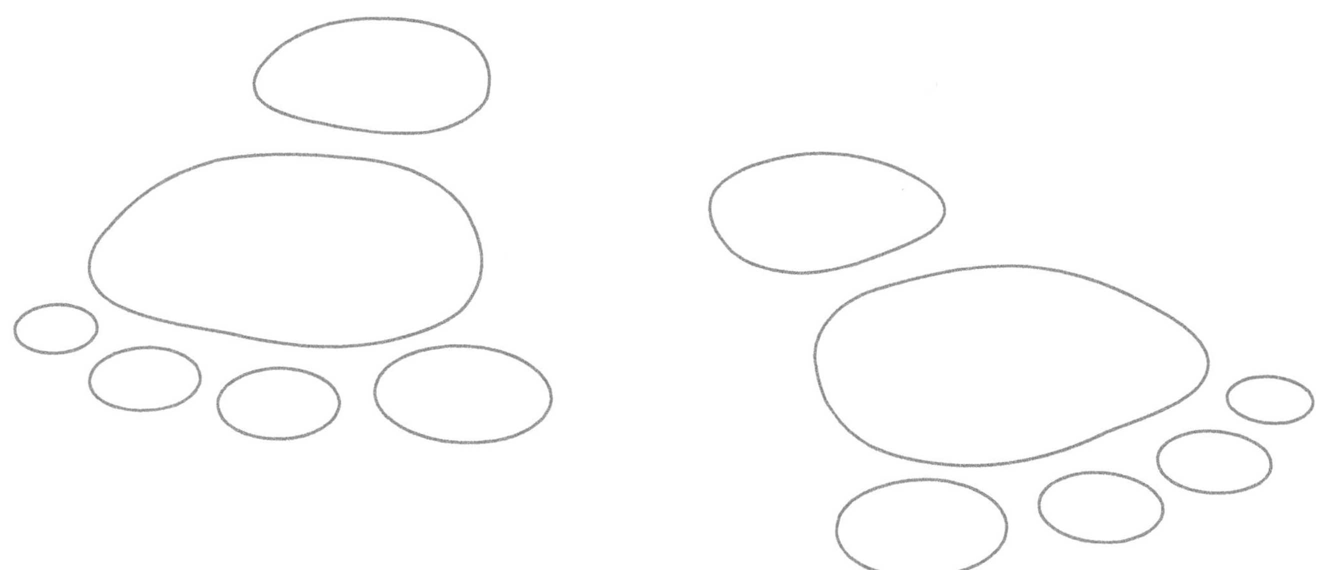

Essayer:

Cerise

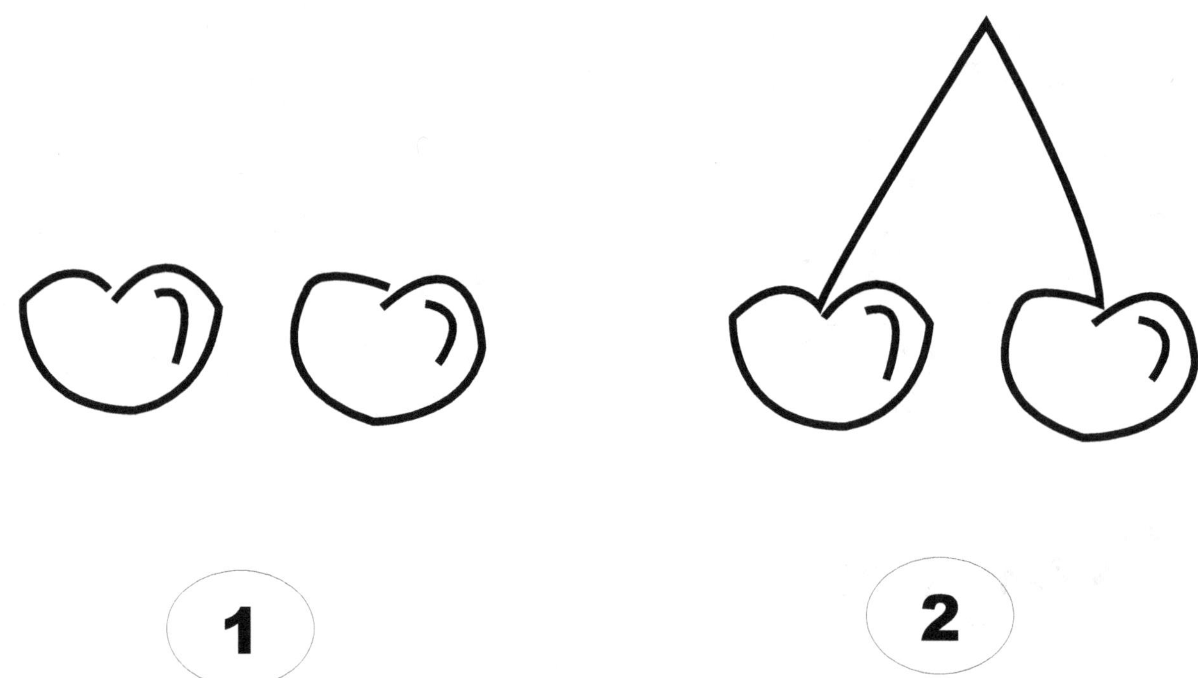

Tracer:

Essayer:

La crème glacée

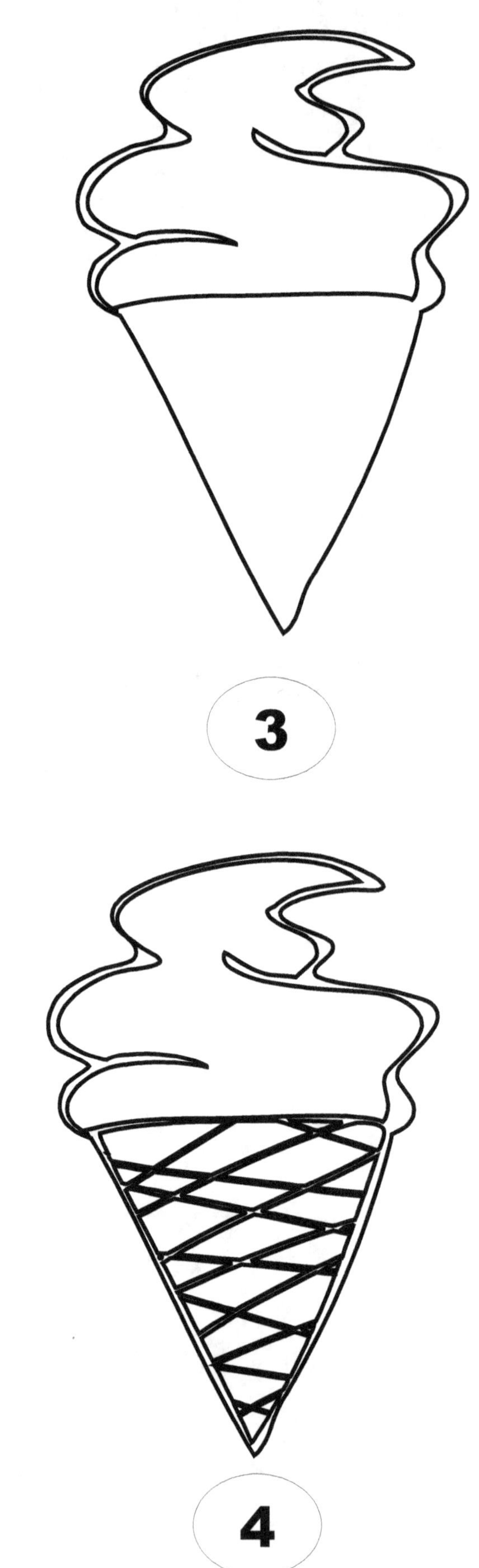

Tracer:

Essayer:

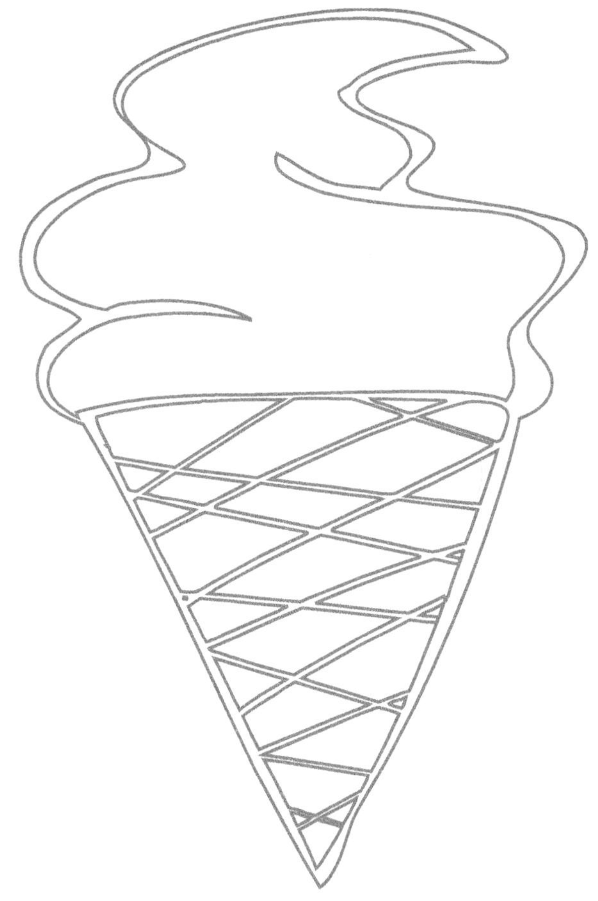

Tortue

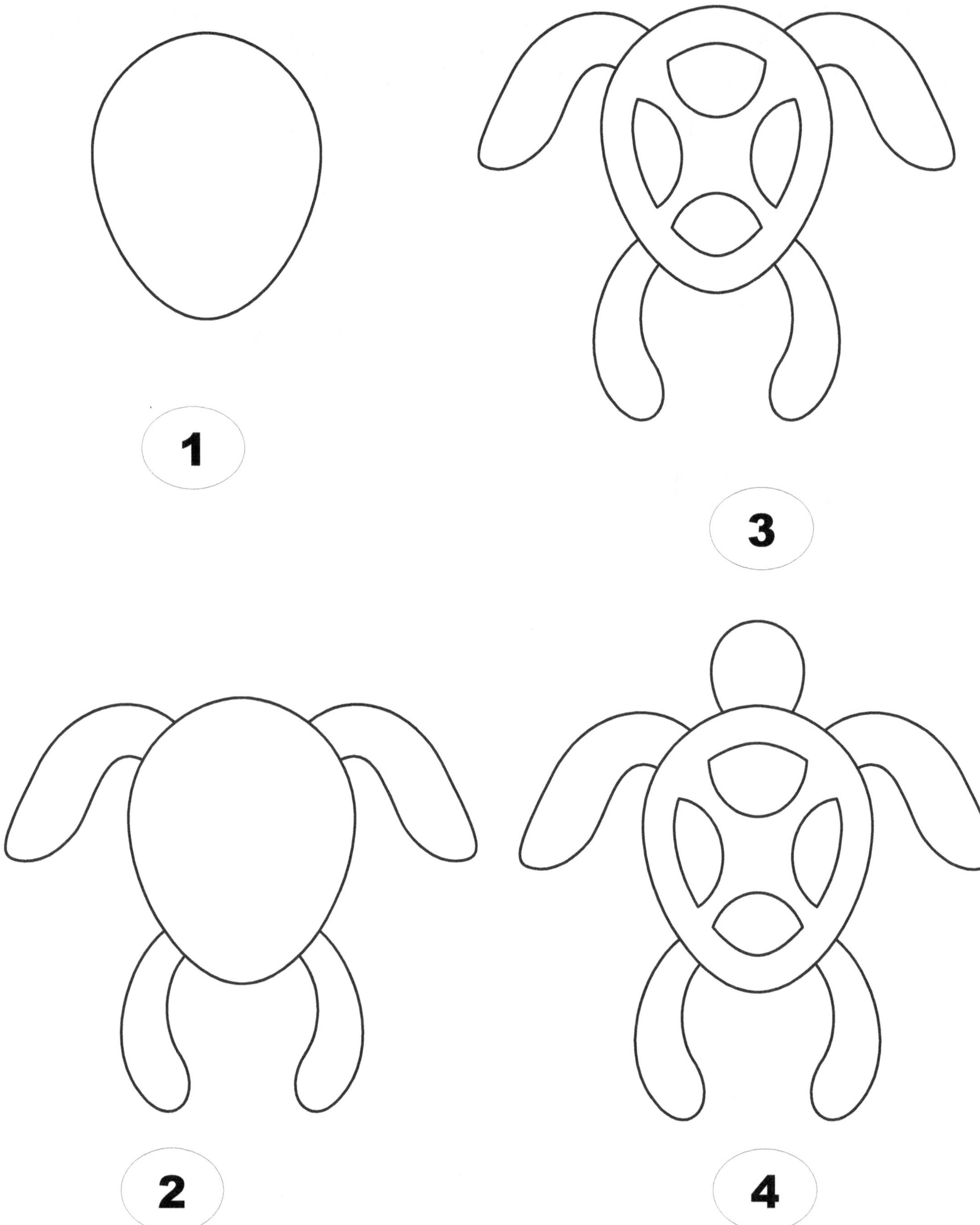

Tracer:

Essayer:

Étoile de mer

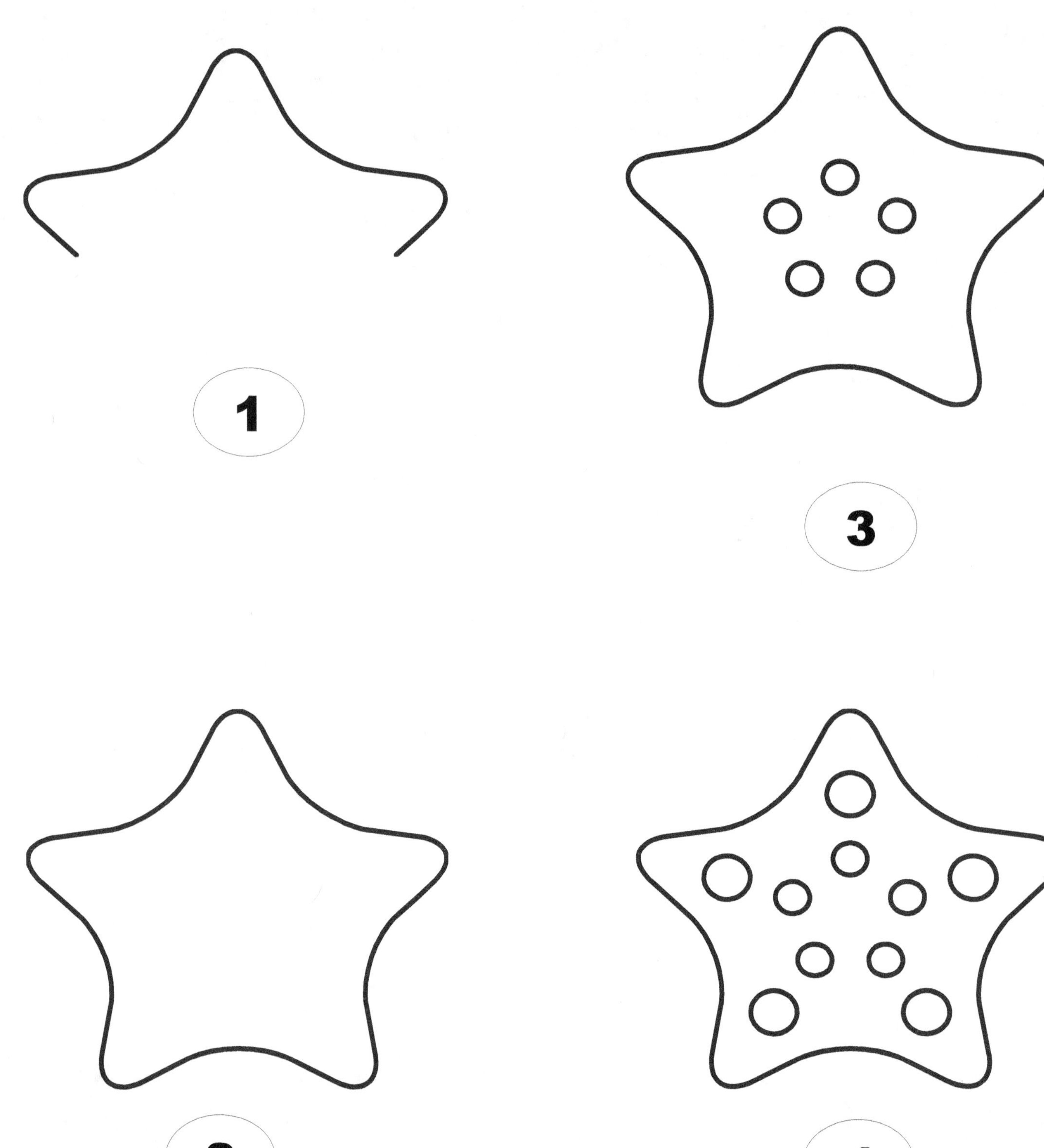

Tracer:

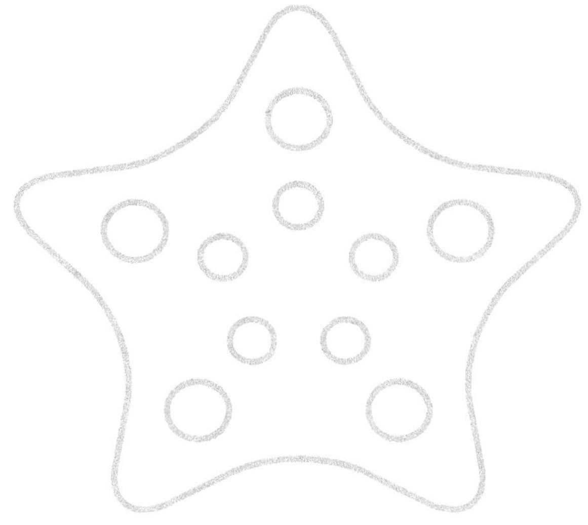

Essayer:

Palourde

1

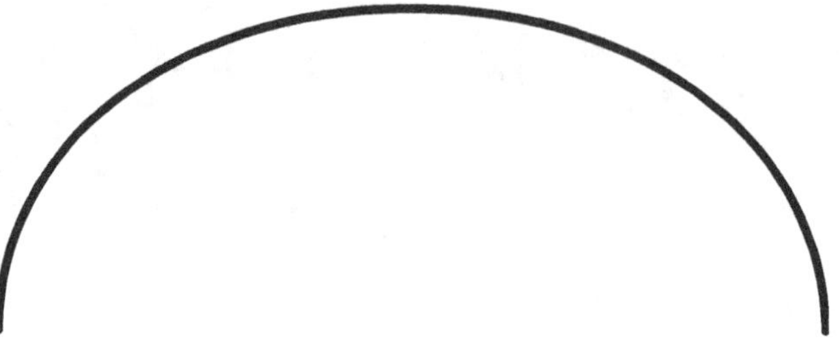

2

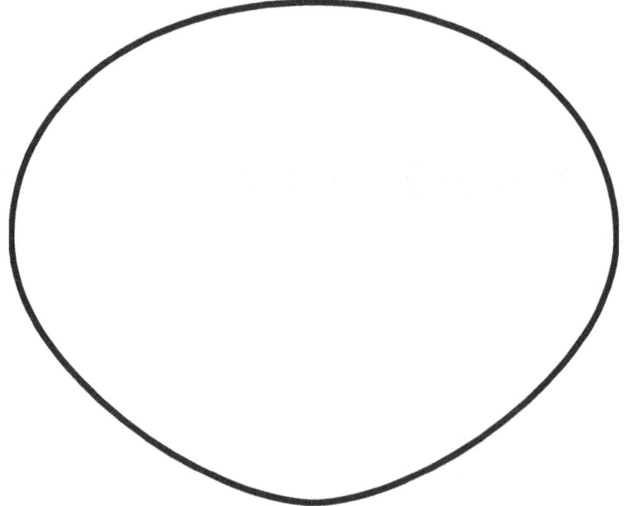

3

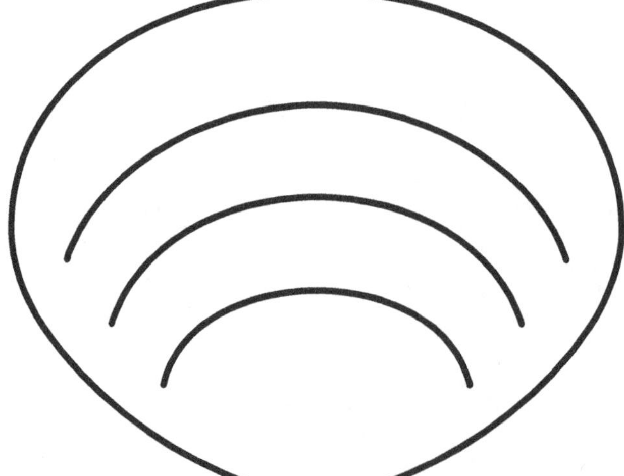

Tracer:

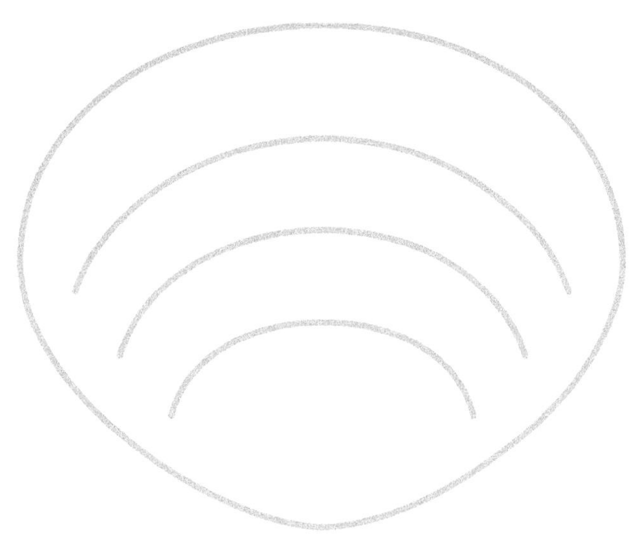

Essayer:

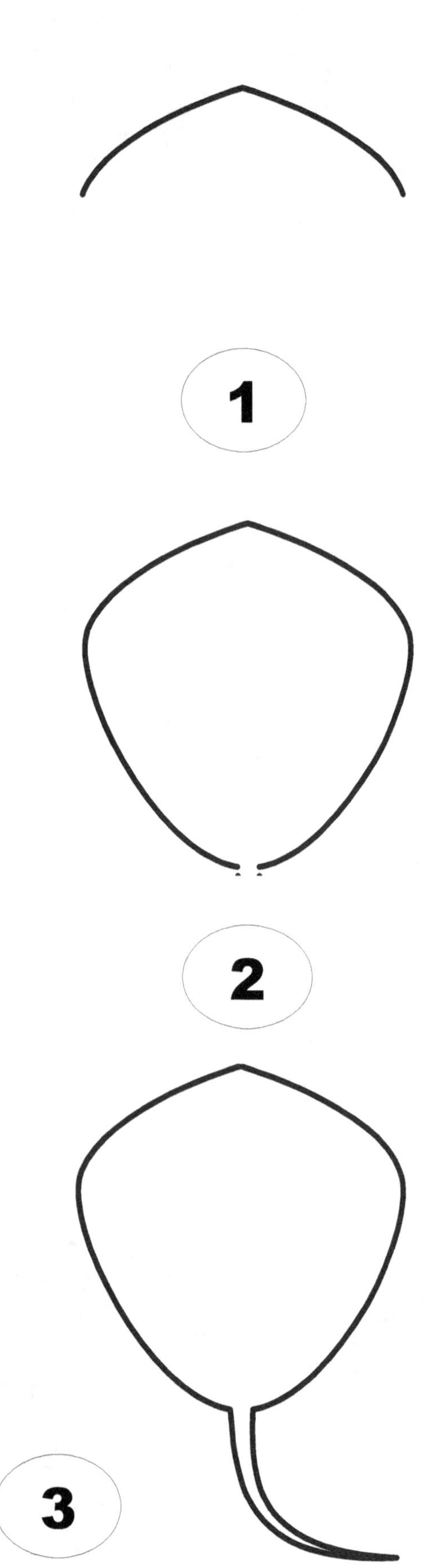

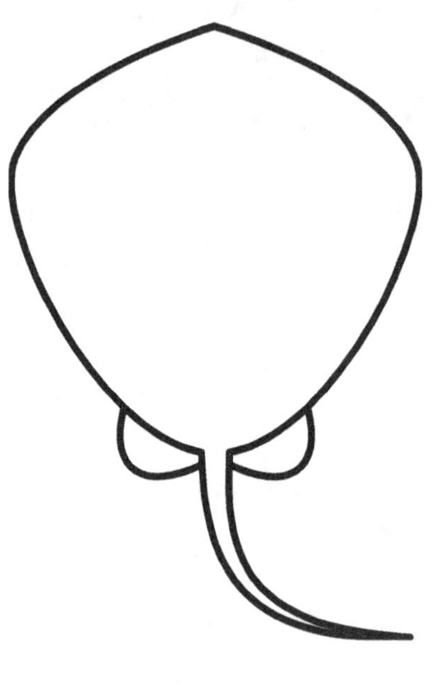

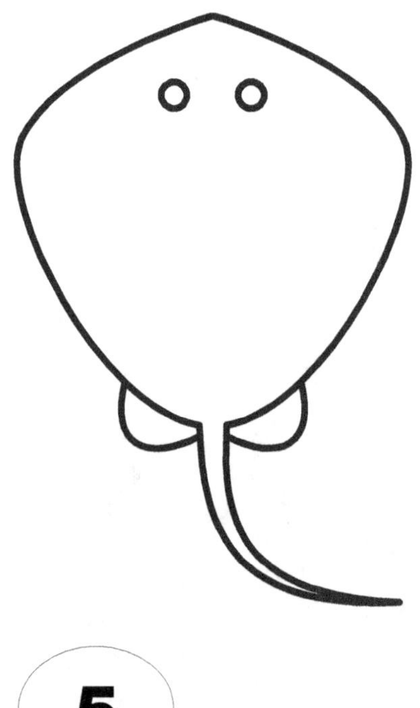

Tracer:

Essayer:

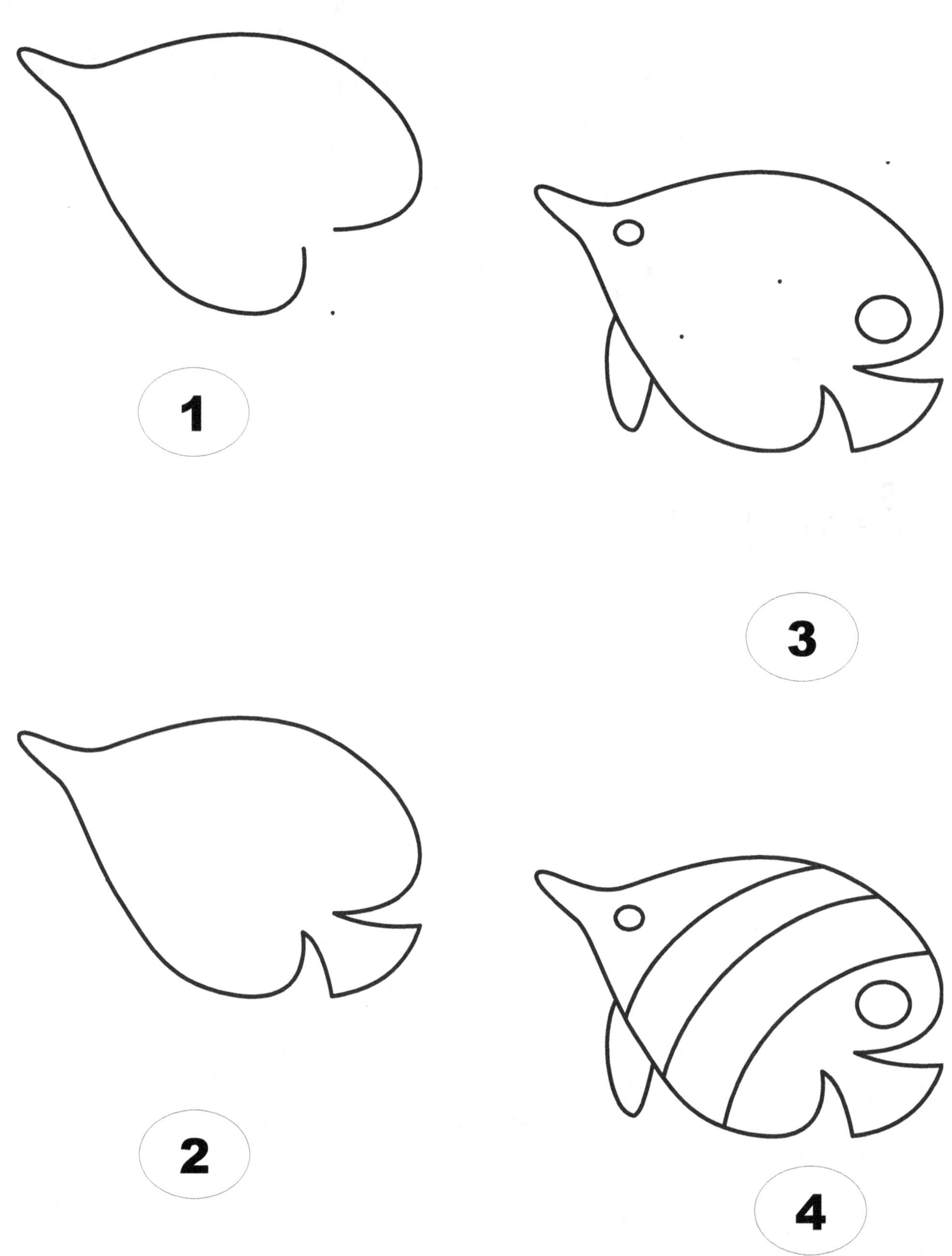
1
2
3
4

Tracer:

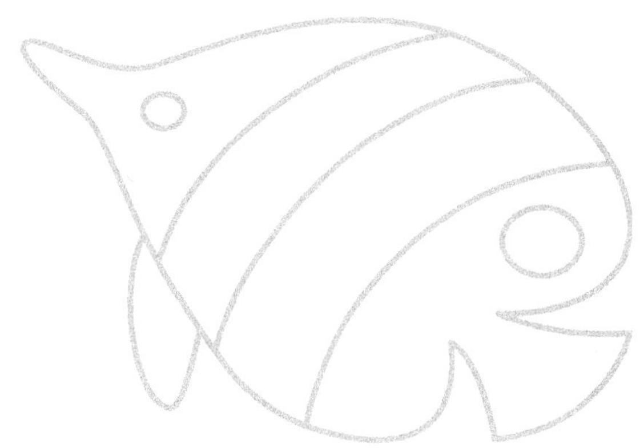

Essayer:

Hippocampe

Tracer:

Essayer:

Fleur

1

3

2

4

Tracer:

Essayer:

Soleil

Tracer:

Essayer:

Dauphin

1

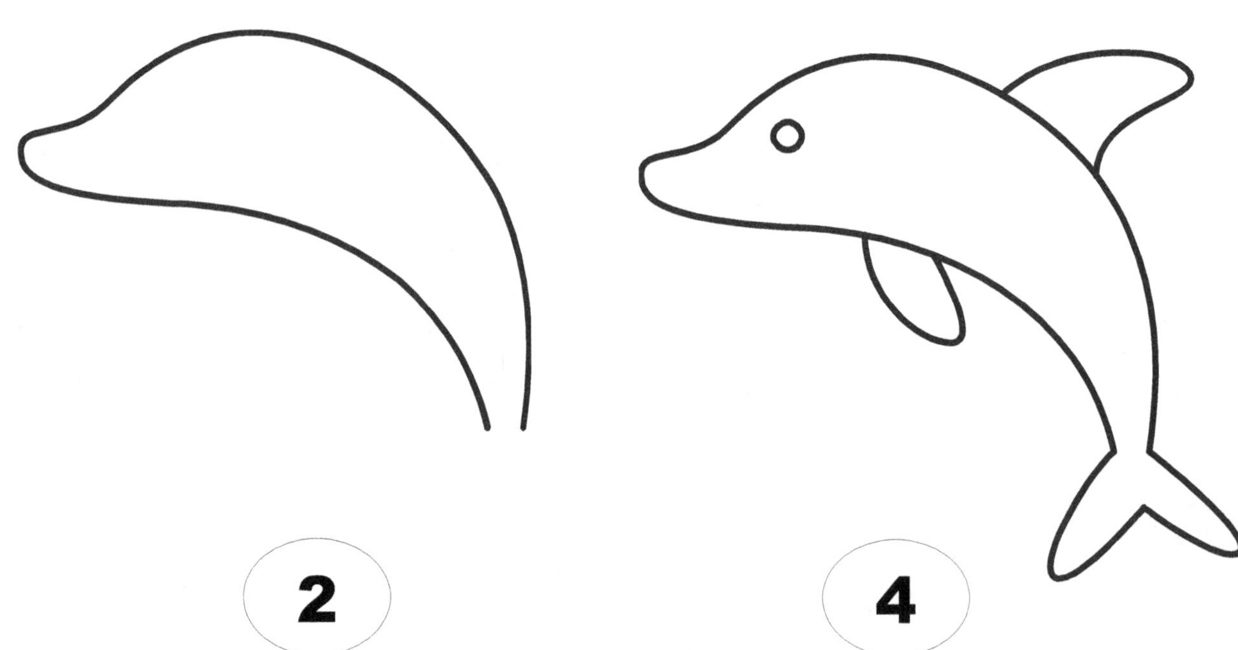

2

4

Tracer:

Essayer:

Crevette

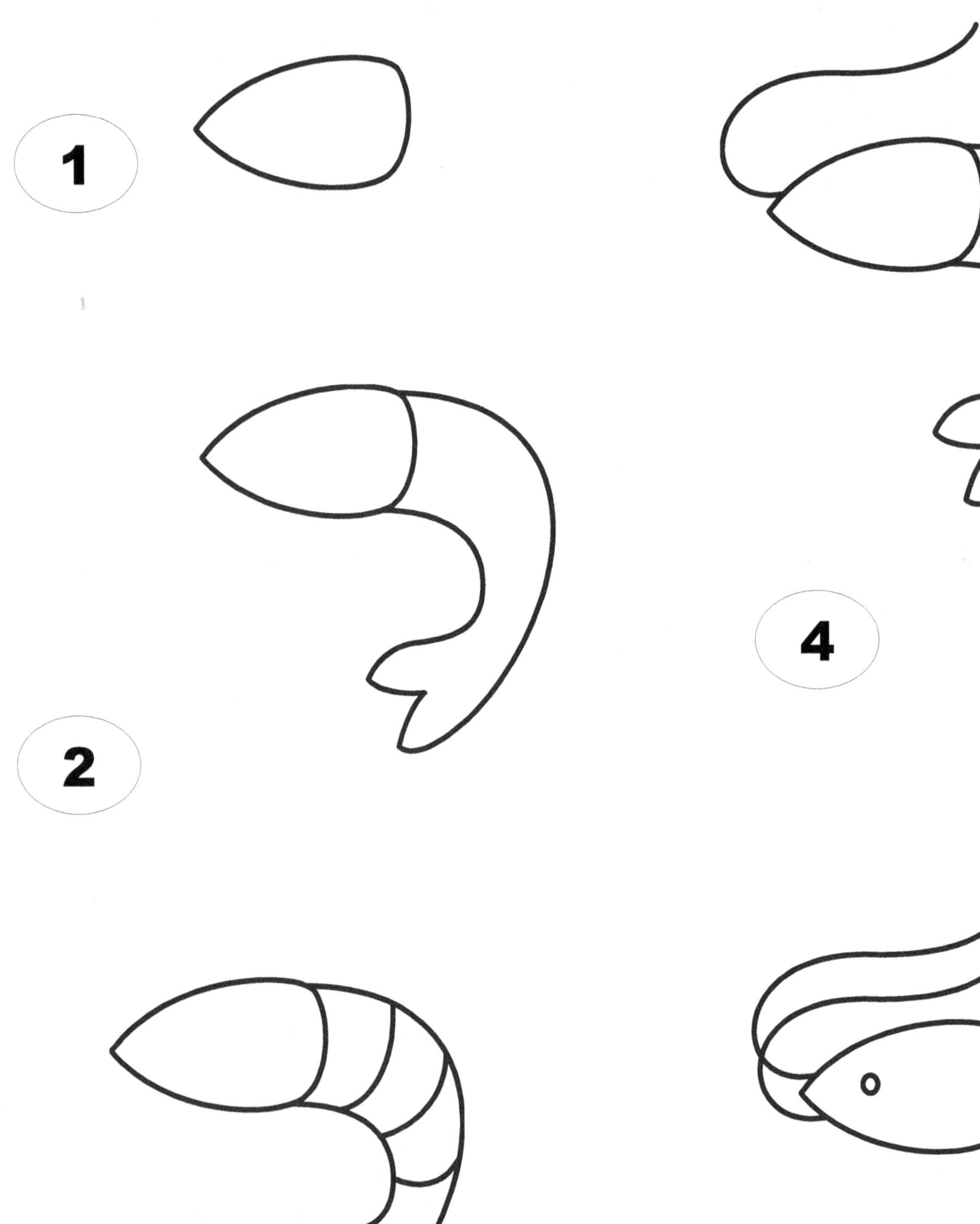

Tracer:

Essayer:

Carb

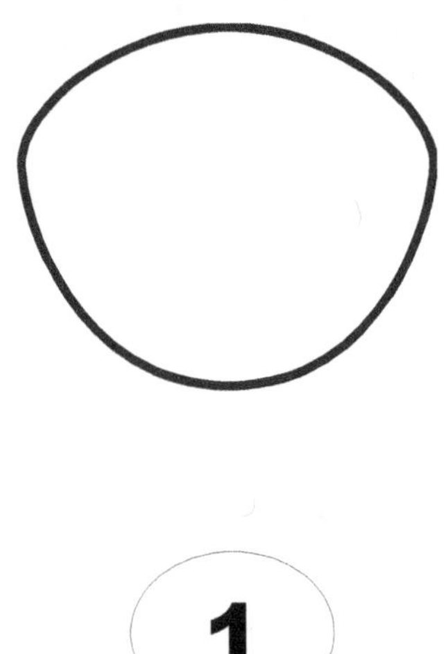

1

2

3

4

Tracer:

Essayer:

Stylo

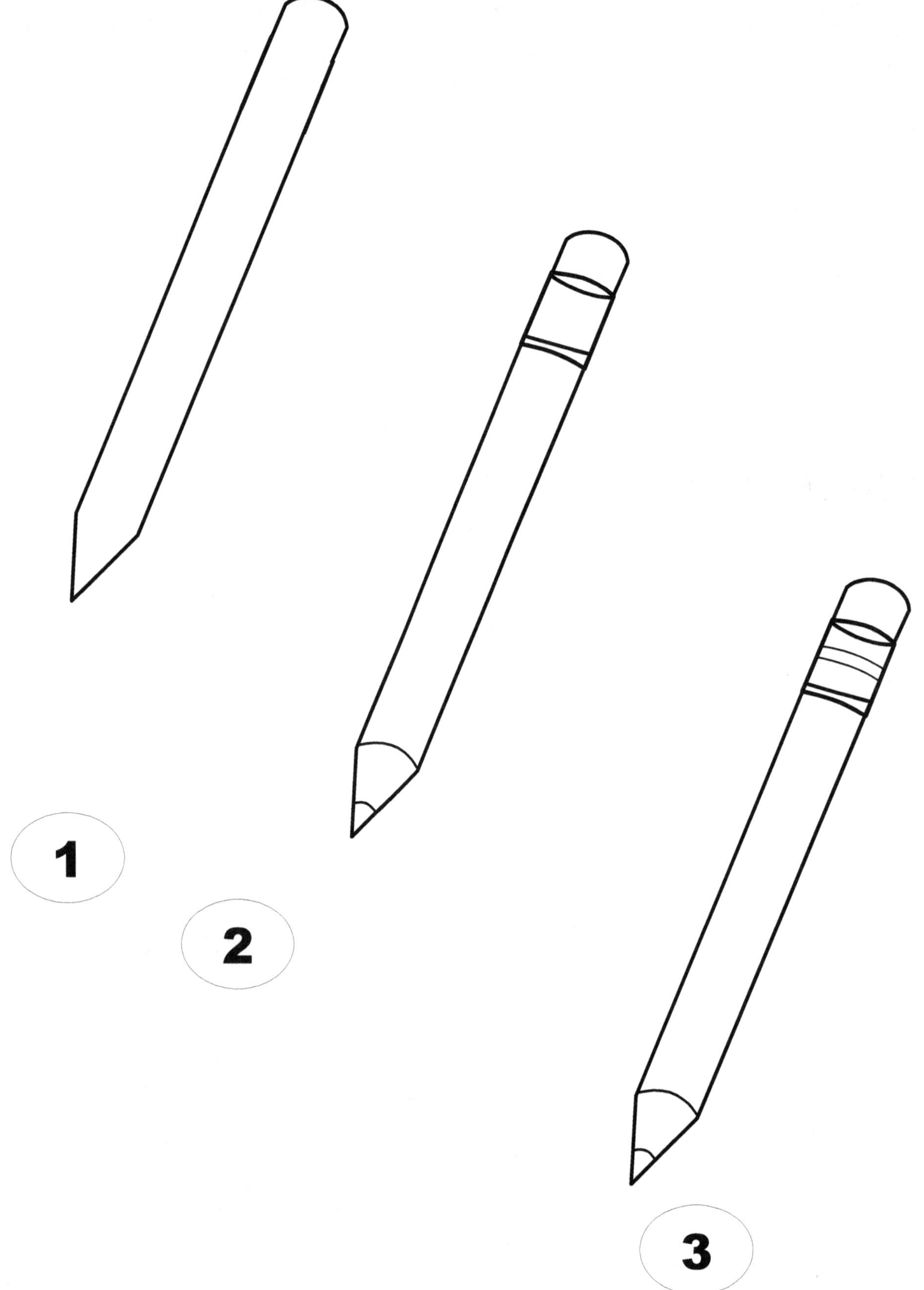

Tracer:

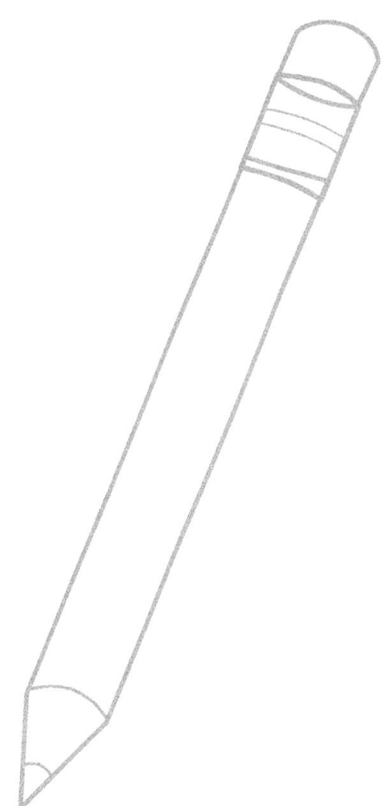

Essayer:

Avion

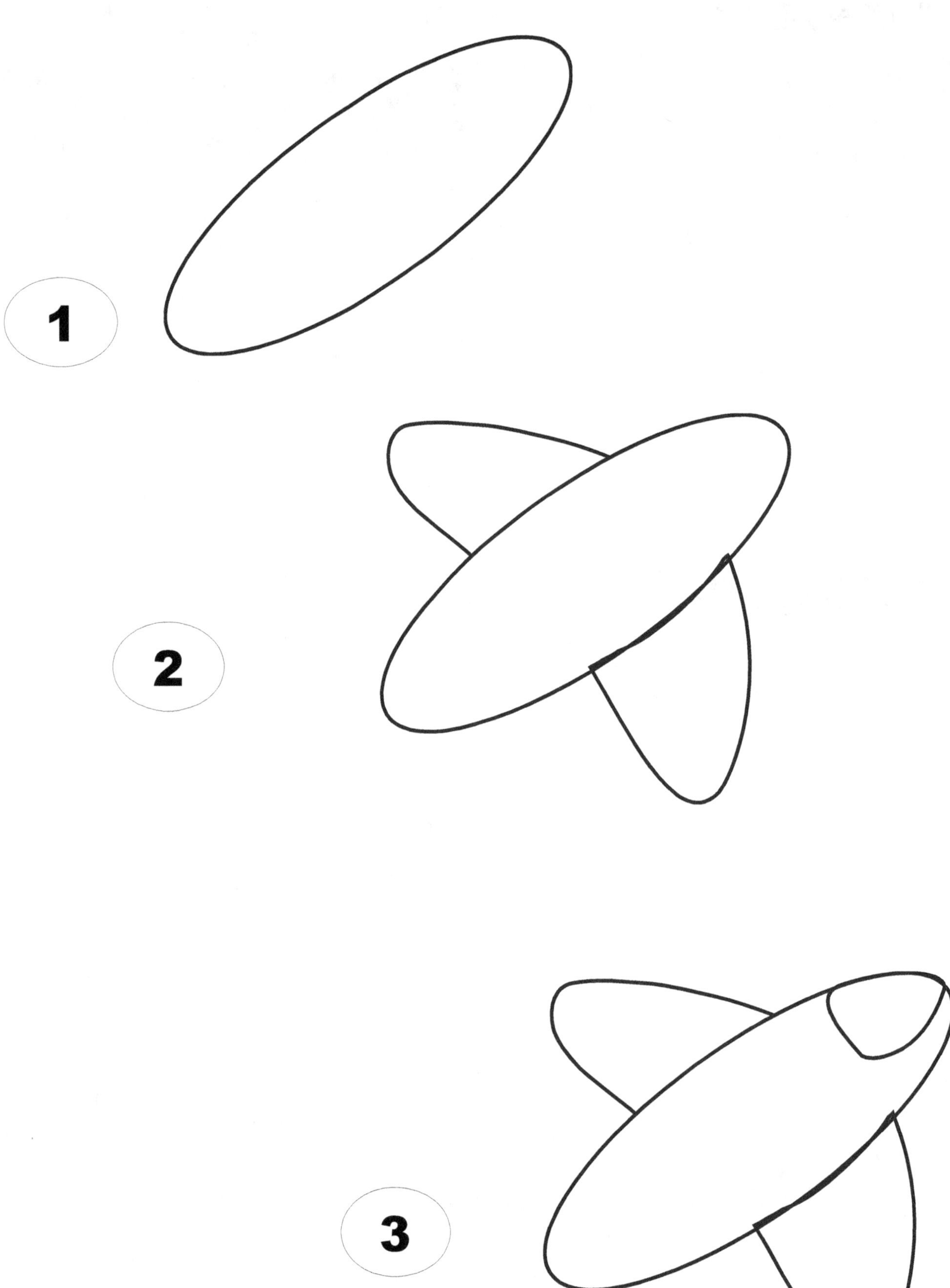

Tracer:

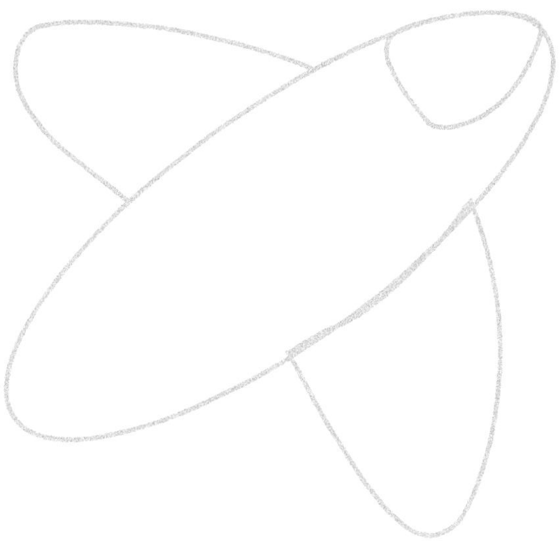

Essayer:

Raie

1

2

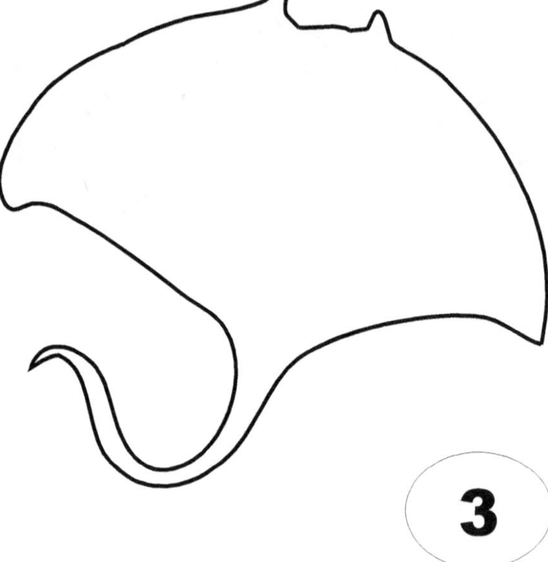

3

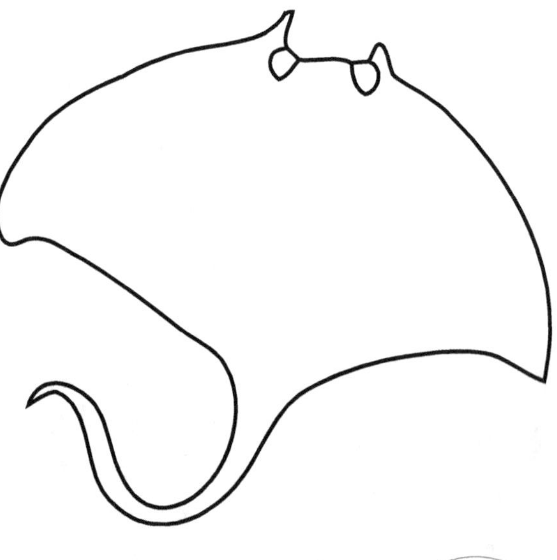

4

Tracer:

Essayer:

Coquille

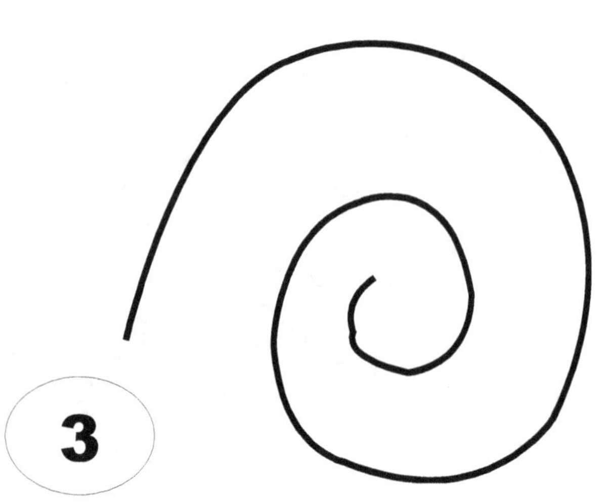

Tracer:

Essayer:

Patinopecten caurinus

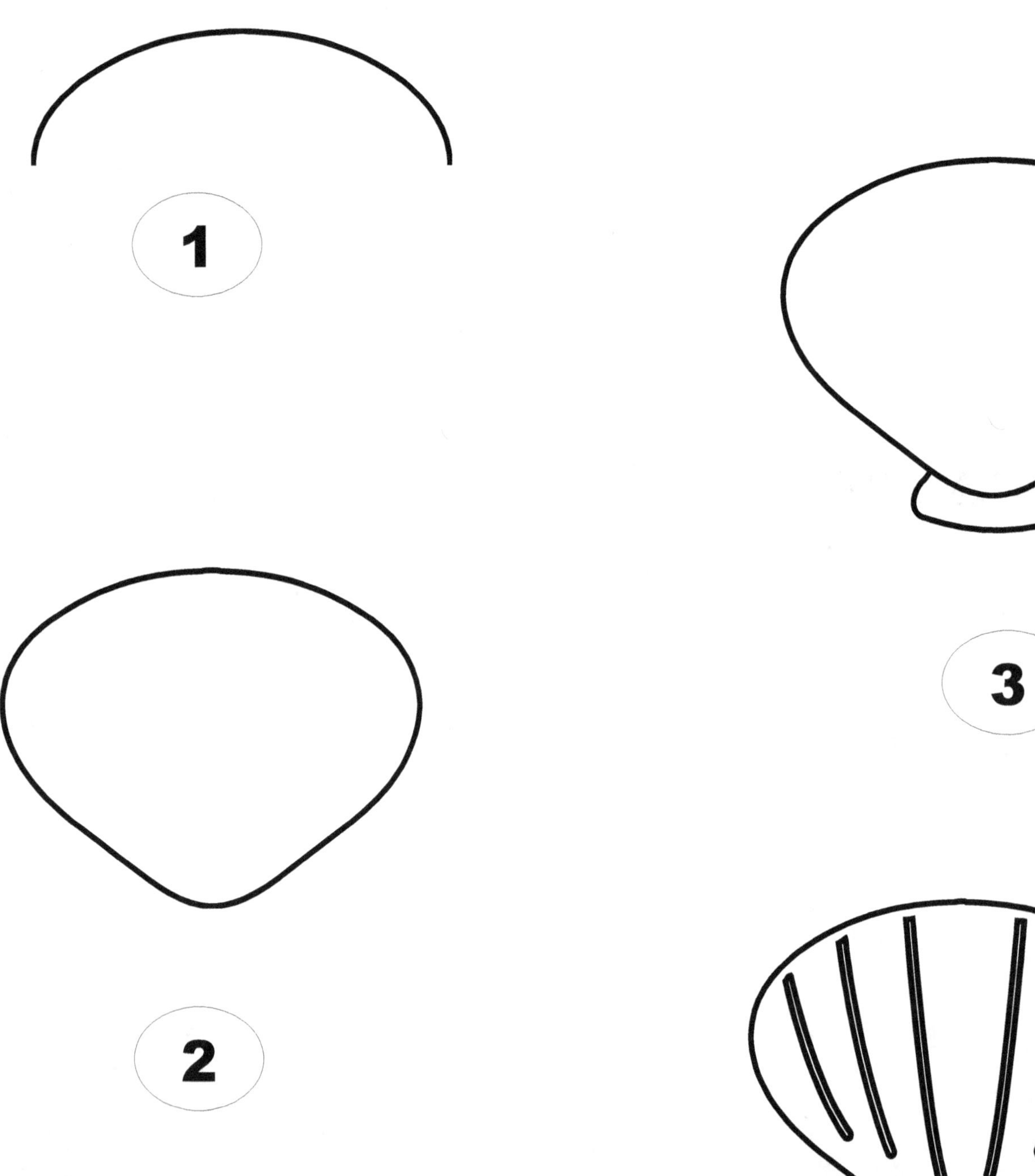

Tracer:

Essayer:

Calmar

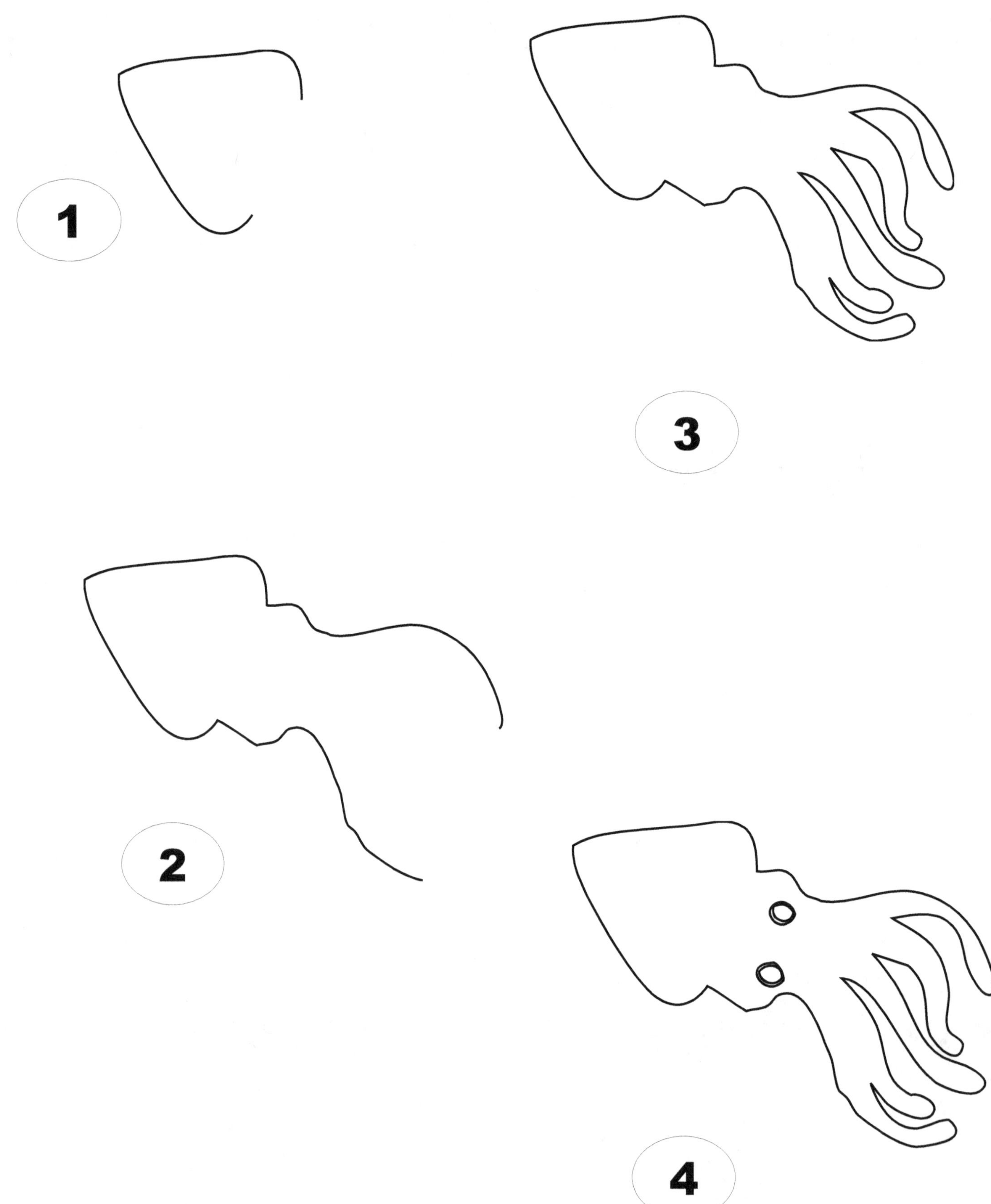

Tracer:

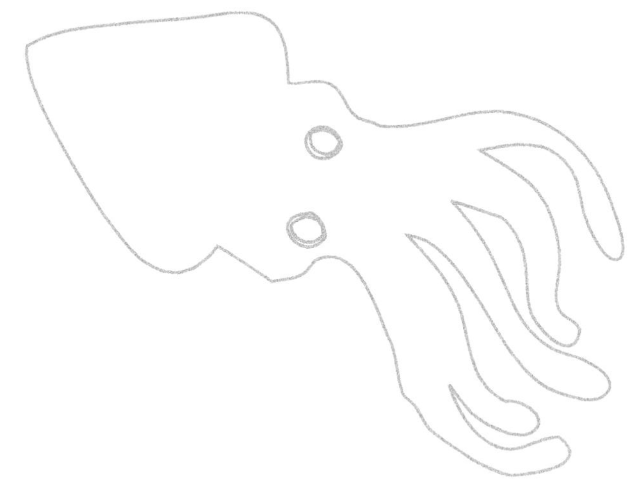

Essayer:

Canard

1

2

3

Tracer:

Essayer:

lampe

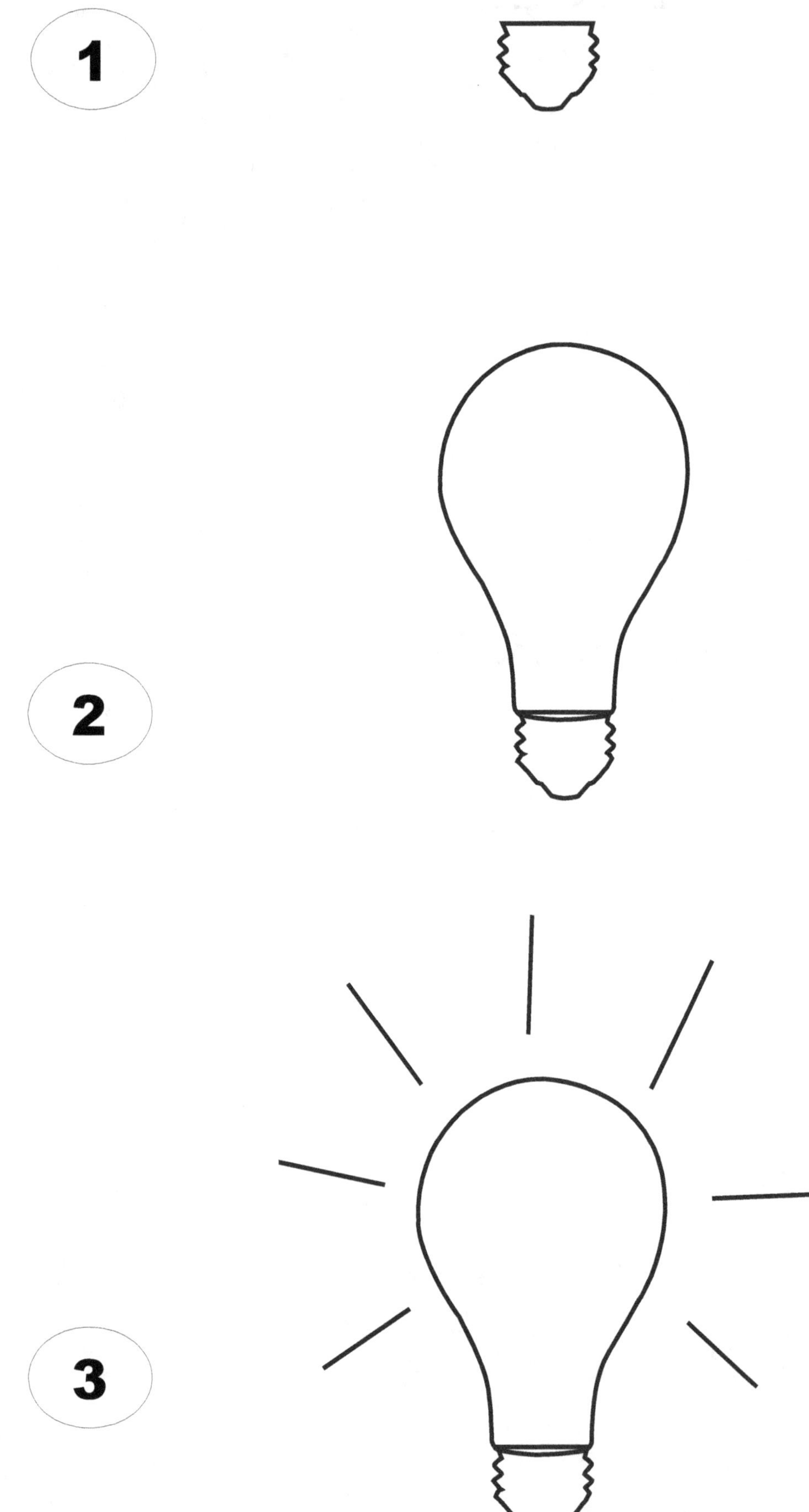

Tracer:

Essayer:

Papillon

Tracer:

Essayer:

Cheval à bascule

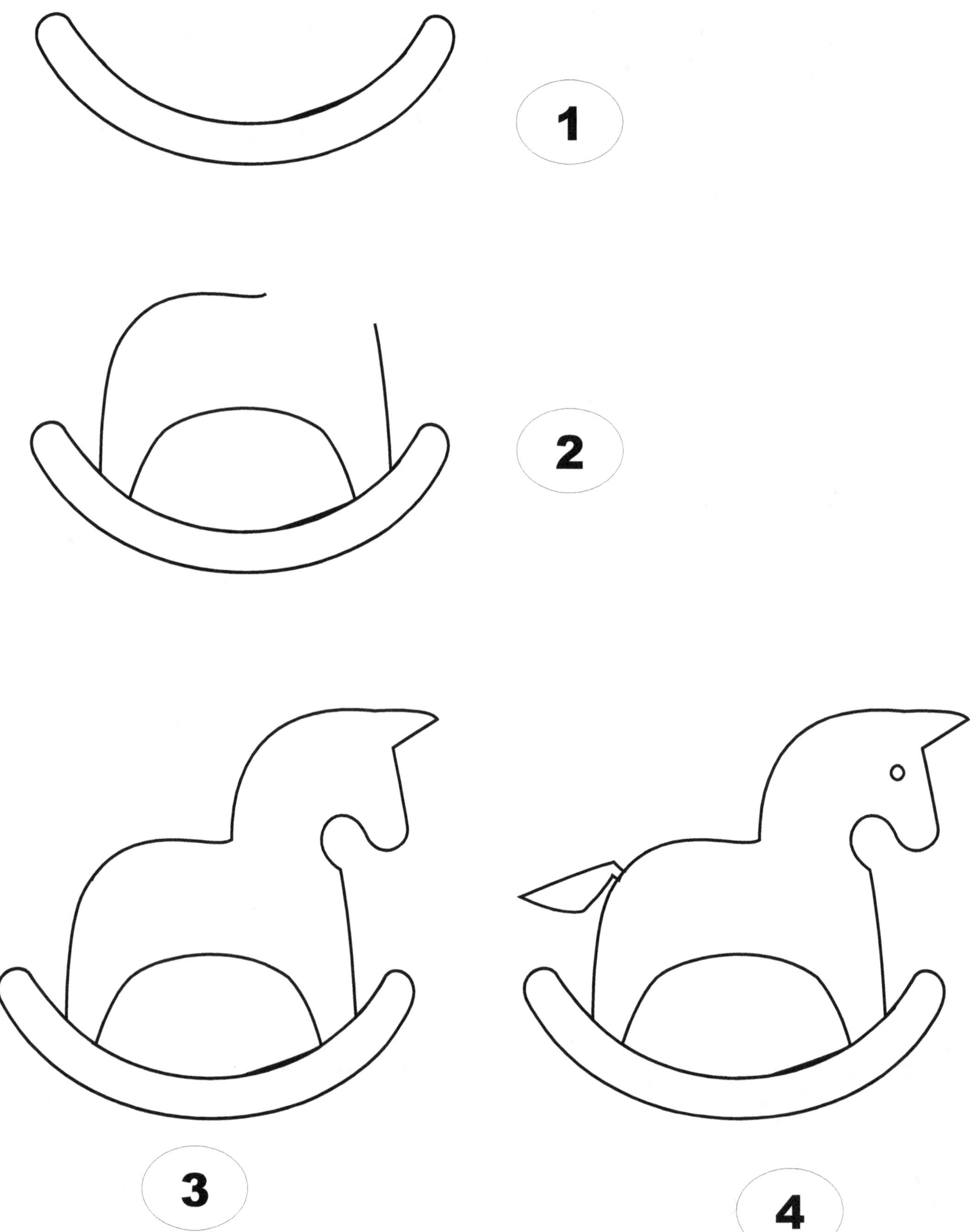

Tracer:

Essayer:

Chat

Tracer:

Essayer:

Voiture

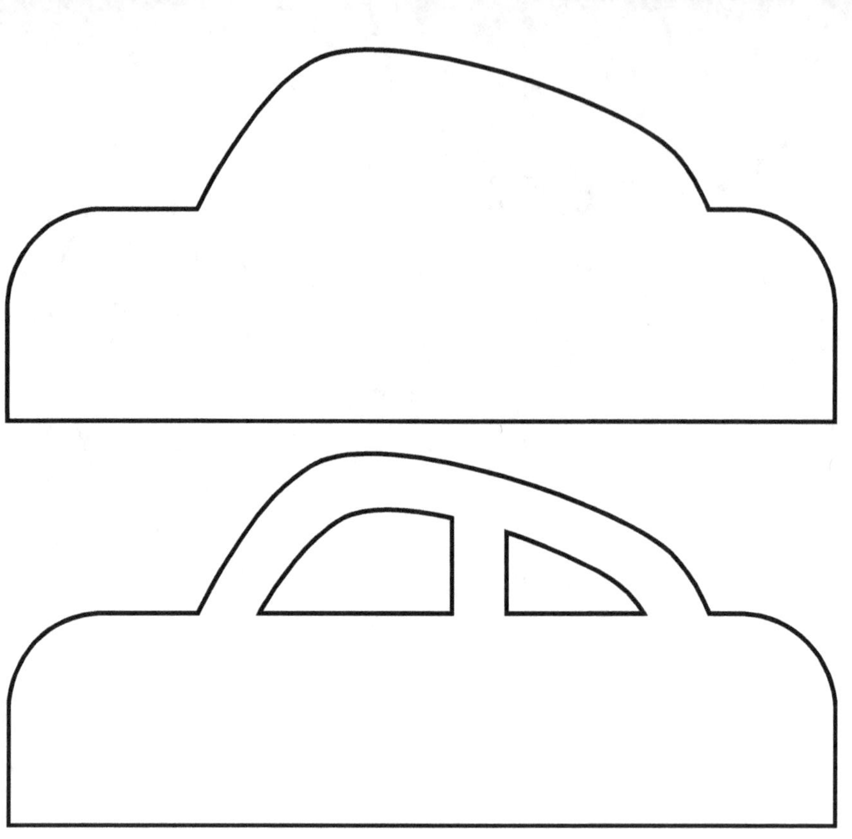

Tracer:

Essayer:

Oiseau

Tracer:

Essayer:

Citron

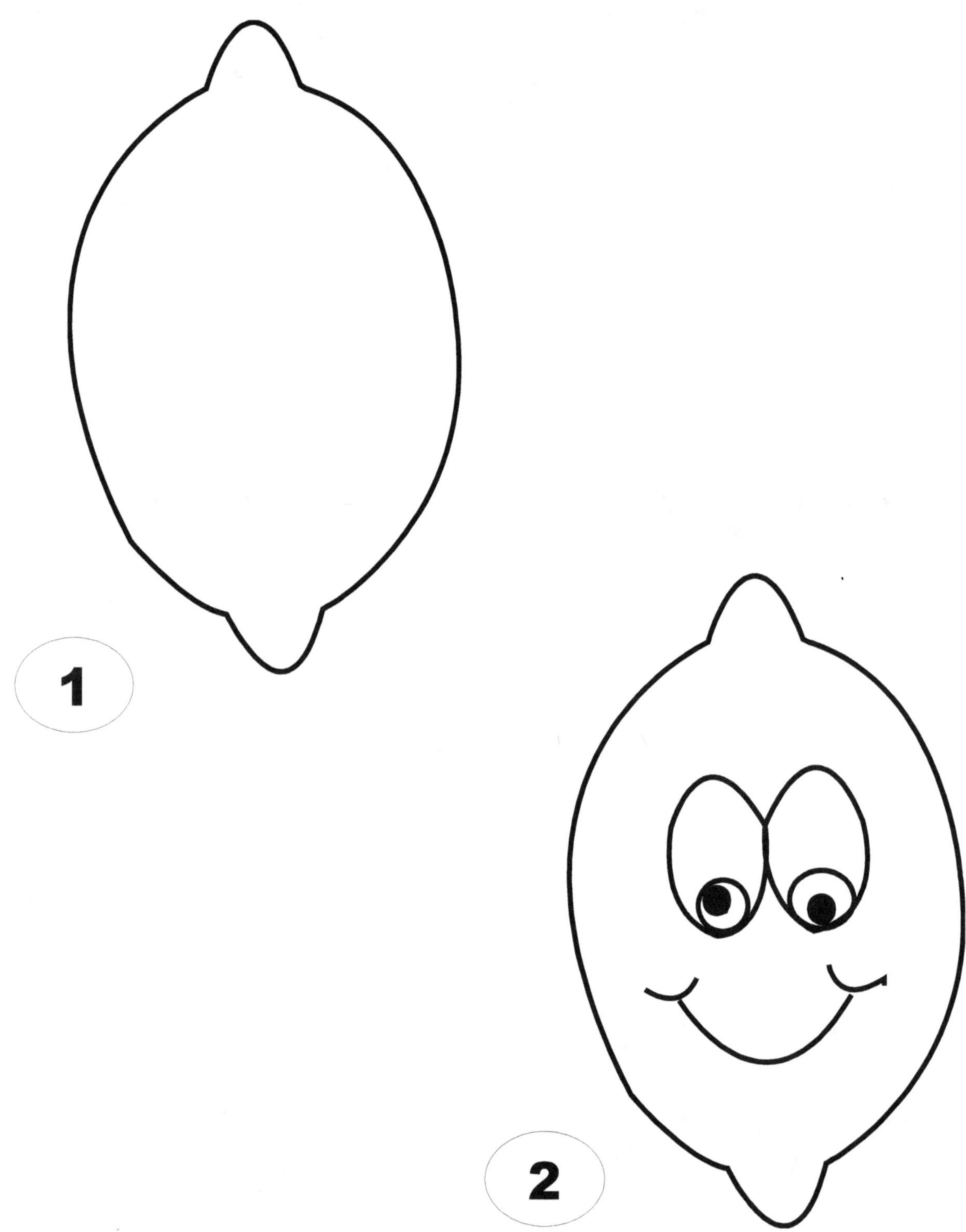

Tracer:

Essayer:

Carotte

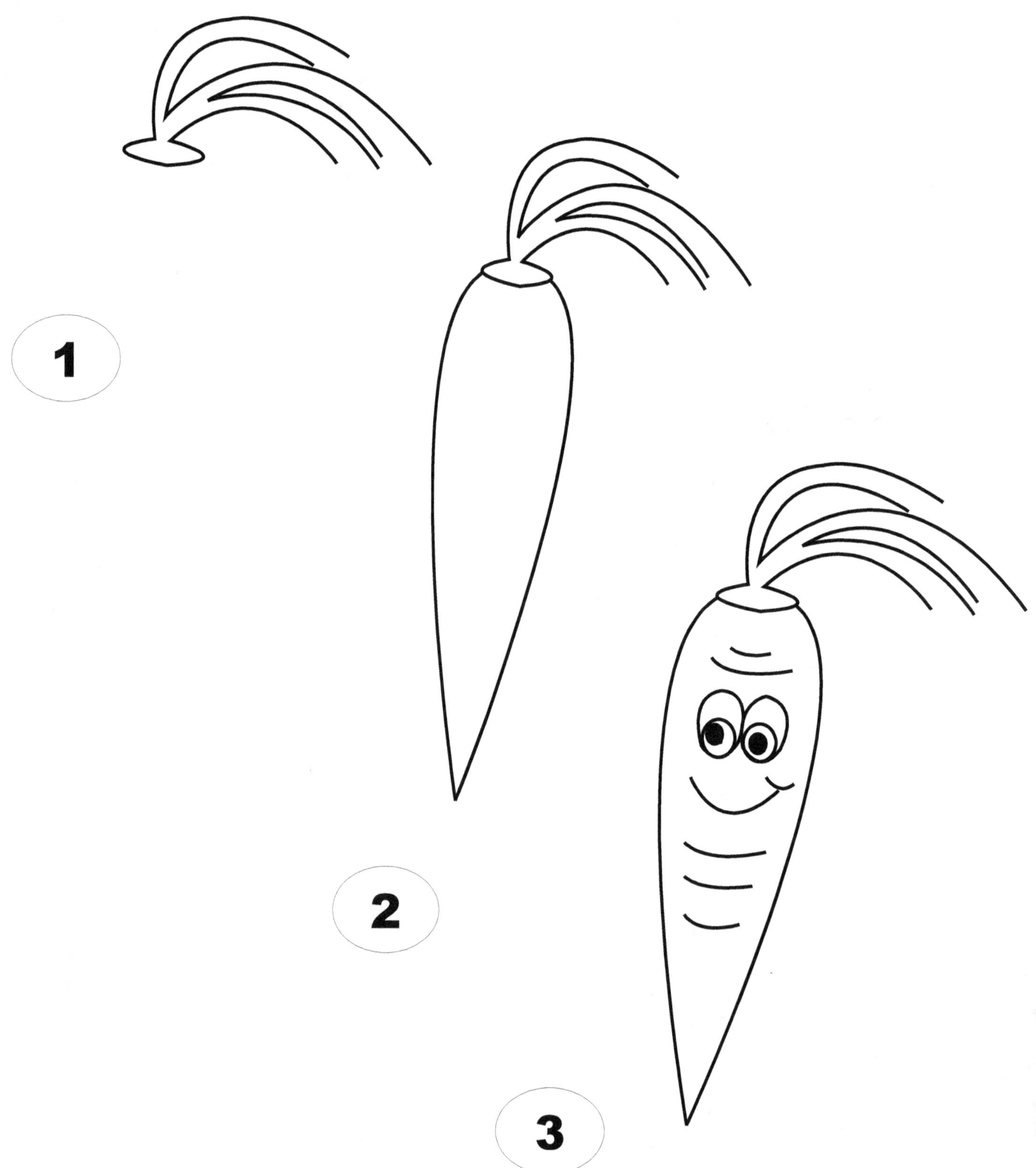

Tracer:

Essayer:

Gâteau

1

2

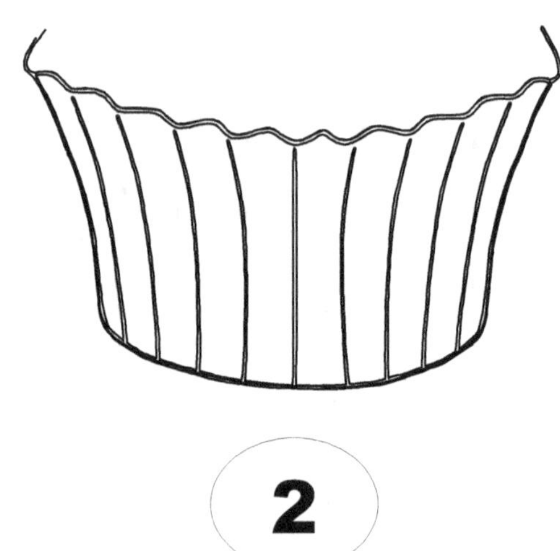

3

4

5

Tracer:

Essayer:

Athlète

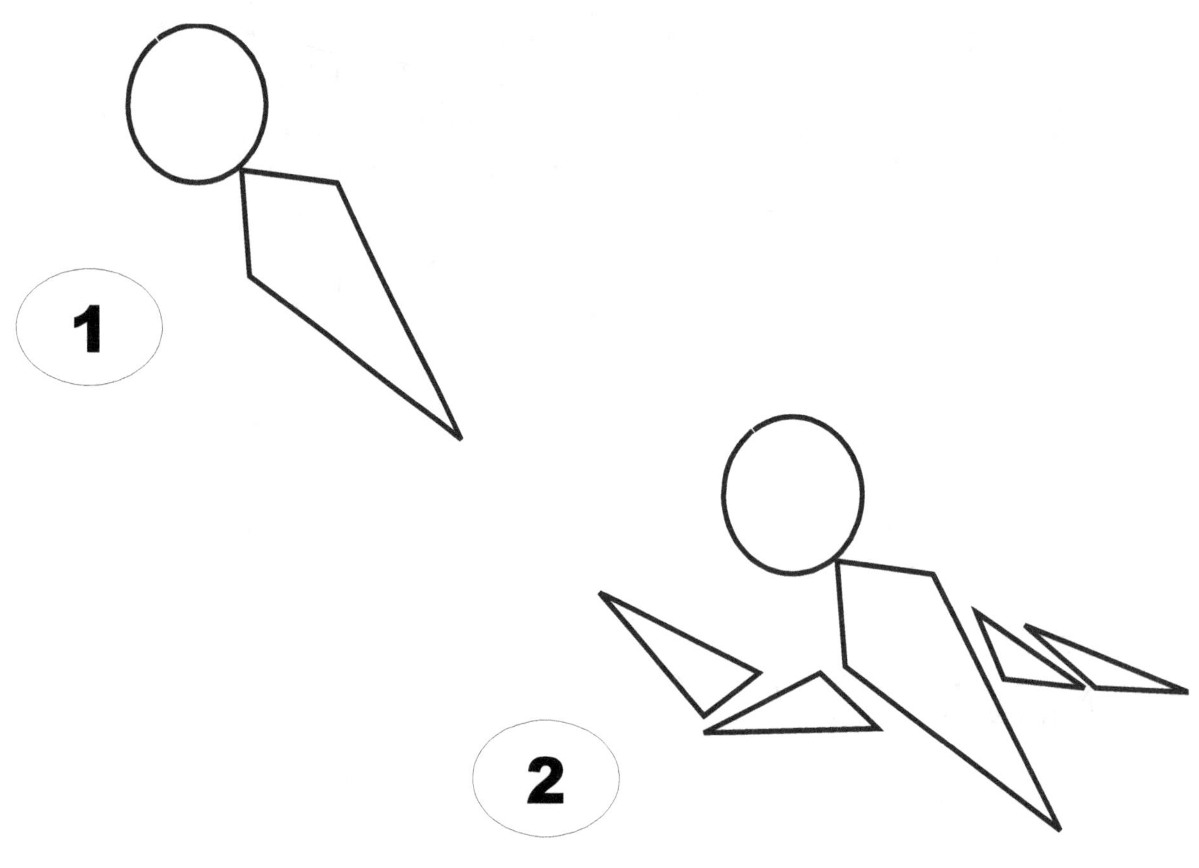

Tracer:

Essayer: